AF196482

Rowohlt Verlag GmbH, Kirchenallee 19, 20099 Hamburg

Kontaktadresse nach EU-Produktsicherheitsverordnung:
produktsicherheit@rowohlt.de

ELKE HEIDENREICH, geboren 1943, lebt in Köln.
Seit 1970 freie Autorin und Moderatorin bei Funk
und Fernsehen; Fernseh- und Hörspiele, ein Film,
ein Theaterstück, viele Serien. Bekannt geworden als
Metzgersgattin Else Stratmann, die es elf Jahre lang
als Hörfunkfigur gab. Die Autorin ist seit 1983 Kolumnistin bei der Zeitschrift «Brigitte». Dieser vierte
Band enthält alle veröffentlichten **ALSO**-Kolumnen
von Anfang 1996 bis Ende 1998.

Elke Heidenreich   # Also...

Kolumnen aus «Brigitte» 4

Rowohlt Taschenbuch Verlag

7. Auflage Mai 2021

Originalausgabe
Veröffentlicht im Rowohlt Taschenbuch Verlag,
Reinbek bei Hamburg, März 1999
Copyright für die deutsche Buchausgabe
© 1999 by Rowohlt Taschenbuch Verlag GmbH,
Reinbek bei Hamburg
Die Erstveröffentlichung der Kolumnen erfolgte in der
Zeitschrift «Brigitte»
Umschlaggestaltung C. Günther / W. Hellmann
(Foto: Isolde Ohlbaum)
Satz Stempel Garamond PostScript (PageOne)
bei CPI books GmbH, Leck
Druck und Bindung BoD - Books on Demand GmbH,
Norderstedt, Germany
ISBN 978 3 499 22491 1

Inhalt

also...

also . . . «Was du heute kannst besorgen, das verschiebe nicht auf morgen», hat uns die Patentante in der Jugend gelehrt, und damit war ja zumeist Unangenehmes gemeint: Heute werden die Hausaufgaben gemacht, die Schuhe geputzt, heute wird irgend etwas erledigt, was keinen Aufschub aus Trägheit duldet. «Was du heut nicht willst besorgen, das verschiebe ruhig auf morgen», machten wir unbekümmert daraus. Und so verschieben wir denn: «Wenn ich mal groß bin, dann...», so lautet der erste Aufschiebesatz. Wenn ich groß bin, dann werde ich Lokomotivführer, wahlweise Schönheitskönigin. Dann waren wir groß, und? Was wurden wir? Versicherungskaufmann und alles andere als Schönheitskönigin, aber so war's auch recht. Wenn ich mal raus bin aus dem Beruf, dann ... Dann fahre ich nach Afrika, dann fang ich ein ganz neues Leben an, dann verwirkliche ich meine Träume. Ach ja? Wir denken an das berühmte Loch, in das Rentner fallen: ein Leben lang in der Tretmühle, immer nur gelernt, daß Arbeit der Sinn des Lebens ist, daß man nützlich sein muß. Und nun: alt, keine Arbeit mehr, keine Pflichten – nicht mehr nützlich? Wo ist er jetzt, der Schwung, den Lebensabend sinnvoll zu nutzen? Weit und breit nichts zu sehen. Es geht uns ja schon mitten im Berufsleben so: Wenn ich endlich mal ein bißchen Zeit hätte, dann würde ich ... Ja, würde ich schon gern, aber was mache ich wirklich, wenn ich die Zeit dann endlich habe? Leg mich ins Bett und schlaf mich aus. Immer sind es die Träume, die Wünsche, die Vorstellungen von einem anderen, schöneren Leben, die geopfert werden müssen. Keine Kraft mehr, Träume zu verwirklichen, zu lange aufgeschoben, kein Mut mehr, eingefahrene Bahnen zu verlassen, die Falten um den Mund werden schärfer, das kommt vom Aufschieben, vom «wenn – dann», wo immer nur das Wenn bleibt, und das Dann kommt nie. Wenn ich eine Million hätte … auch so ein beliebtes Gedankenspiel. Wenn ich im Lotto gewinnen würde, wenn … Ja, was denn dann? Würde die Million, würden die Millionen unser Leben wirklich ändern, jetzt vorausgesetzt, wir wären nicht obdach- oder arbeitslos oder sonst in wirklicher Not? Ein normales Leben, normaler Beruf, normale Sorgen – alles anders durch den Millionengewinn? Du liebe Güte, als ob irgendwas im Leben vom tollen Auto oder vom neuen Haus abhinge, als ob man sich selbst ins tolle Auto oder ins neue Haus nicht mitnähme – sich selbst mit allen Ängsten, Zweifeln, Fehlern, Pickeln, Marotten. Mit allen unerfüllten Träumen, die auch die Million nicht erfüllen könnte, wobei es Ausnahmen geben mag – etwa jene Krankenschwester, die sich vom unerwarteten Erbe den Traum vom eigenen Zirkuszelt erfüllte. Für die meisten von uns bleiben die «Wenn ich mal … dann aber» – Vorsätze das, was sie sind: Vorsätze, Gedankenspiele. Aufgeschoben ist nicht aufgehoben? Ach, meist eben doch. Schlimmstes von allem: Wenn die Kinder erst groß sind, dann trennen wir uns. Wieviel leichter wäre es, wir hätten die Kraft, unsere Sehnsüchte zu erfüllen in dem Moment, in dem sie in uns unbezwingbar groß werden. Ich kann es auch nicht, übrigens.   *1/96*

Badeanzugkauf

wer wüßte nicht, wie absolut gräßlich es ist, im Winter einen Badeanzug zu kaufen! Dabei ist im Winter noch Auswahl ... Kommt man im März oder April, lächelt die Verkäuferin nur müde: Nein, da müsse man schon früher aufstehen, alles weg, nur noch Ladenhüter und Übergrößen ... Das Kaufen von Badeanzügen gehört zum Allerschlimmsten. Einerseits zögert man es deshalb hinaus, andererseits auch, um sowenig Klamotten wie möglich vom Leib schälen zu müssen in diesen engen Kabinen. Ich habe schon Röcke über Jeans anprobiert, weil ich einfach keine Lust hatte, die ganze Schnürschuh-und-Hosen-Auszieh-Arie durchzustehen, aber beim Badeanzug schlägt die Stunde der Wahrheit: Es muß alles runter. Nur die Kniestrümpfe dürfen anbleiben und natürlich der Slip. Da steht man nun, weißfleischig nach langen Wintermonaten, dick geworden an Stellen, von denen man gar keine Ahnung hatte, aber die Kabine für Bademoden ist mit Spiegeln reich ausgestattet. Muß man sonst in schlechtsitzenden Kleidern zur lächerlichen Figur werden und auf Socken rausschleichen vor einen Spiegel mitten im Laden, so ist beim Badeanzugkauf gut vorgesorgt: Man darf in der Kabine bleiben und wird gleich von drei Seiten unbarmherzig ausgeleuchtet. Was für häßliche Kniekehlen! Noch nie habe ich gewußt, wie häßlich Kniekehlen sind. Der einstmals schöne Rücken! Nein, bloß nicht so einen tief ausgeschnittenen Badeanzug, der Rücken bringt es nicht mehr. Die bis zum Hüftknochen hochgeschnittenen Tangabeine sind ja zum Glück endlich verschwunden oder doch beinahe, zumindest gibt es für unsereinen wieder den normalen Beinausschnitt, bei dem man nicht vorn alles abrasieren und hinten den gesamten Po herausfallen lassen muß. Es gibt sogar wieder Badeanzüge mit angeschnittenen Beinchen, wie in den 30er Jahren. Aber haben sie das mal anprobiert mit Winterweiße am Leib und dunklen Wollstrümpfen? Es gibt keinen armseligeren Anblick, und das denkt dann auch die Fachkraft, die ihren Kopf durch den Vorhang steckt und aufmunternd fragt: «Na, paßt irgendwas?» Ja, irgendwas paßt immer – beim einen Modell paßt der Busen gut rein, dafür sieht man den Bauch zu sehr. Das andere drückt den Bauch schön platt, aber der Busen fällt oben raus. Ein drittes paßt perfekt, aber es ist rot-grün gestreift, und lieber wär man ja wohl tot. In der Regel sitzen die Badeanzüge, die von Muster und Design her die schönsten sind, gerade an mir eben nicht. Oma-Modelle hingegen mit gedeckten Farben und biederen Mustern passen vorzüglich. Was tun? Und warum kostet dieses bißchen Stoff um die 200 Mark? Nur jetzt nicht den Fehler machen und resigniert die Kabine verlassen und sagen: «Ich überleg's mir noch mal!» Da gibt es nichts zu überlegen ... Er kommt, der erste warme Sommertag, an dem wir schwimmen gehen, und da ist sie dann, die Stunde der Wahrheit: Zwängt man sich das fünfte Jahr in den verschossenen Blumenmusteranzug, der schon nicht mehr richtig paßt, oder hat man endlich den Badeanzug, mit dem man am Strand auch ein bißchen auf und ab gehen kann, ohne sich zu genieren? Also, tapfer weiter anprobieren – der Wintermantel fällt vom Haken, die Kabine ist stickig, du probierst den achten Anzug – nur Mut. Der dreizehnte ist es dann. Vielleicht. *2/96*

13

Älterwerden

warum eigentlich machen Frauen so oft aus ihrem Alter ein Geheimnis, das es wie eine Top-secret-Affäre zu hüten gilt? Wenn eine wirklich alt ist, sieht man es eh. Wenn eine jünger aussieht, als sie ist, sagt man anerkennend «Donnerwetter», wenn eine tatsächlich mal älter aussieht – grundguter Himmel, wo ist das Problem? Ich sehe an manchen Tagen aus wie hundertneun und fühl mich auch so, ist das nicht alles ganz normal? Neulich starb Gisela Schlüter, die so schön schnattern konnte. Ich glaube, sie war 81 Jahre alt, aber sie hatte irgendwann mal zugegeben, sich an ihrem 40. Geburtstag um fünf Jahre jünger gemacht zu haben und dabei dann geblieben zu sein. Auch die große Schauspielerin Maria Nicklisch starb – in einigen Nachrufen stand: Sie war 81 Jahre alt. C. Bernd Sucher klemmte sich in der «Süddeutschen Zeitung» aber ein «Ihr Alter bleibt tabu» ab. Was soll das, weshalb muß sich jemand schämen, der im Vollbesitz seiner geistigen Kräfte achtzig Jahre alt wird, ist das nicht eher etwas Wunderbares? Zsa Zsa Gabor, Marika Röck, ich glaube, auch Liz Taylor machen gern ein Geheimnis aus ihrem Alter, möchten für jünger gehalten werden. Als wir sechzehn waren, taten wir alles, um wie zwanzig auszusehen und in jeden Film zu dürfen. Als ich fünfzig wurde, habe ich mich gefreut, zu einer Generation zu gehören, die mit fünfzig einfach anders aussieht, als es unsere Mütter taten. Und erlebt man den Jüngermach-Zirkus eigentlich je bei Männern? Vielleicht. Vielleicht ist ja Johannes Heesters in Wirklichkeit (ich vermute es!) doch schon zweihundert und macht immer noch einen auf neunzig ... Wenn Ernst Jünger hundert wird, kann nicht genug gelobt und gestaunt werden. Ist nicht Inge Meysel auch längst hundert? Gaukelt sie uns etwas in den Achtzigern vor, oder ist sie es wirklich? Da sehen wir mal: Wir sind Frauenaltersangaben gegenüber direkt schon von Haus aus mißtrauisch. Werbung und Kosmetik suggerieren uns das faltenfreie Leben mit der Kraft zweier Herzen. Als ob Altwerden per se ein schweres Schicksal sei. War nicht Simone Signoret zwar wunderschön als junge Frau, aber interessanter mit jedem Jahr, das sie älter wurde? Oder Anna Magnani – wären solche Frauen, die Falten, graue Haare, Verlust der Model-Figur mit Würde getragen haben, je bereit gewesen, ihr Alter herunterzumogeln? Es wäre ihnen vermutlich viel zu blöd gewesen. Auch die Komplimente, wie jung jemand noch aussehe, haben immer irgendwas Fragwürdiges, finde ich. Ist das ein Lob? Für was? Man sieht eben mal jung, mal alt aus, mal gut, mal schlecht, je nachdem, was das Leben gerade so mit einem treibt, und das alles gehört auch dazu. Vielleicht müssen Models und Schauspielerinnen manchmal mogeln, um noch gewisse Aufträge zu bekommen – das zeigt aber im Grunde nur einmal mehr, wie hirnrissig unser Jugend-Denken ist. Sagt sie, sie ist dreißig, kriegt sie die Rolle. Weil sie auch gut aussieht und gut spielt. Wüßte man, daß sie 38 ist, würde sie sie nicht kriegen. Weil irgendein Produzent das zu alt fände. Ein Produzent vermutlich, der vierzig ist und schon den sechzigjährigen Bierbauch hat. Aber bei Männern ist ja eh alles egal. *3/96*

Über einen intimen Ort

also ... aufs Klo müssen wir alle. Täglich. Überall. Und natürlich ist das zu Hause am schönsten, weil man den sogenannten intimen Ort da ja wohl am besten kennt. Bei Freunden geht's auch noch, obwohl man gerade im Klo die wundersamsten Dinge hinnehmen muß. Die Zeiten, in denen an jeder Klotür innen Frank Zappa hing, der seinerseits mit heruntergelassenen Hosen auf der Brille saß, sind wohl endgültig vorbei. Aber das private Klo wird gern zum Ort fröhlicher Scherzkultur genommen. Da hängen witzige Bilder, satirische Zeitungen liegen zum Lesen aus, und Künstler hängen zu und zu gern ihre goldenen Schallplatten oder Preise oder Urkunden just ins Klo, nein, nicht um damit zu demonstrieren, wie lässig sie all dem gegenüberstehen, wie wenig es ihnen bedeutet – genau das Gegenteil ist der Fall, die tun es, damit es JEDER sieht, der kommt, denn aufs Klo, wie gesagt, muß JEDER. Schlimm sind die meisten Gasthausklos, dazu muß ich nicht ausführlicher werden, wir wären ja schon froh, wenn es wenigstens überall eine Klobürste gäbe. Aber ganz unerträglich sind öffentliche Toiletten, man muß durch Gestank und Pfützchen, traut sich niemals, sich auf die Brille zu setzen, sucht oft vergebens nach Papier, aber Eintritt muß meist gezahlt werden – wofür eigentlich? Und dann die Sprüche! In Frauenklos sollen sie ja alles in allem dezenter sein als in denen der Männer, aber dezent ist auch so eine Geschmacksfrage, und noch immer sind Toilettenwände der

Lieblingstummelplatz hartgesottener Feministinnen, die ihren Männerhaß hier austoben. Diese kleine Zelle, in der man so etwas Wichtiges verrichtet, was auf den unsäglichen Namen «Notdurft» hört (denn wenn man nicht kann oder darf, gerät man sehr in Not!), diese kleine Zelle ist Sammelplatz für Spaß und Scheußlichkeiten, ist Mitteilungszentrum, Leseort, Kartause zum Nachdenken über seltsame Kalendersprüche, und oft genug ist auch das Toilettenpapier noch kurios bedruckt. Gemein sind Spiegel auf der Innentür, in denen man sich selbst in kläglicher Haltung sehen muß, und Toiletten, die gleichzeitig Abstellorte für Schrubber und Putzeimer sind, laden auch nicht gerade zum Verweilen ein, und Verweilen, zum Donner, muß man doch nun aber manchmal! In Privathaushalten tobt sich oft die Bastellust der Hausfrau gerade in den Toilettenräumchen aus, ein bißchen nett soll es doch nun aber dort sein! Also wird alles hübsch beklebt und tapeziert und niedlich verziert, und man traut sich gar nicht, in so einer putzigen Umgebung – na, Sie wissen schon ... In einem Kinderbuch, das ich besonders geliebt habe, kam ein König aus dem Märchenland in die Menschenwelt und staunte sehr, was es da alles so gab: Treppen, die von allein aufwärts laufen. Apparate, die man in zwei Teile reißt, um mit jemandem zu reden, der nicht da ist, und die man dann wieder zusammensetzt (das war eben noch nicht in der Zeit der Handys!) – und am meisten staunte der Märchenkönig darüber, daß jeder Mensch in einem kleinen Raum seinen privaten Wasserfall besitzt, auf Knopfdruck kann er ihn in ein schönes Marmorbekken rauschen lassen, was für ein Luxus! Ja, so kann man es auch sehen ...   *4/96*

Lieblingsgegenstände

also ... kennen Sie das auch, daß es diese Tasse sein muß, wenn man schon krank ist und wenn man schon heiße Milch mit Honig trinken muß? Es geht nur aus der Tasse mit den Rosen, zu der die Untertasse seit Jahrmillionen fehlt, aber die Rosentasse ist die einzige, die in Form, Farbe, Größe bei Erkältungen und Seelenpein Trost spenden kann. Es gibt auch nur einen Löffel, mit dem man umrühren kann, wenn man ganz gemütlich besonders schönen Tee trinkt: den Silberlöffel von Tante Anna. Wo ist er? Bis alle Schubladen um und um gewühlt sind, ist der Tee kalt. Oma hat Geleefrüchte geschickt, Berge von Geleefrüchten. Wo ist denn dieser Porzellanteller mit den grünen Ranken und den drei Beinchen? Da müssen die doch rein! Wo ist der verflixte Teller? Im Bad, mit Dufttrockenblumen drauf. Runter damit, der muß jetzt die Geleefrüchte tragen, und nur der. Es gibt so eine Besessenheit von gewissen Dingen, die schon an Fetischismus grenzt. Alte Strickjacken gehören dazu, ausgeleierte, verfluste, weite, alte Schlabberjacken, ohne die kein gemütliches Zuhause-Gefühl aufkommen will. Ein bestimmter Füller – nur mit dem kann man gewisse Briefe schreiben, nicht mit Computern oder neumodischen Tintenrollern – nein, nur mit diesem speziellen Füller und (in meinem Fall) auch nur mit brauner Tinte. Nun kommt man aber zunehmend aus dem unordentlichen Jugendalter in das Alter des Verlegens – ständig ist alles verlegt, am meisten die Brille. Wer kennt nicht die

Brillensucherei in der ganzen Wohnung, während die Brille – oben in die Haare geschoben – mitsucht oder, noch schlimmer, mitten auf der Nase sitzt bei der Aktion. Auch der Füller ist verlegt. Adressen werden verlegt, Schlüssel, der Drehverschluß von der Möbelpolitur – durchs ganze Wohnzimmer bin ich gerade mit weichem Lappen und Politurfläschen getanzt und hab gewienert, wo gewienert werden muß, und nun suche ich den Drehverschluß fürs Fläschchen – verlegt! Drei Tage später wird er zwischen den Blumentöpfen wiederauftauchen. Wenn sich diese beiden Dinge mischen – der Hang zum besonderen Rotweinglas, zum ganz speziellen Aschenbecher, zur Lieblingstasse und der Hand zum Alles-Verlegen –, dann wird es furchtbar. Dann kann ja keine Ruhe einkehren, denn wenn es die Tasse sein muß, dann muß die Tasse eben gesucht werden, und wenn genau da hinein gerade ein bißchen Kresse gesät wurde – tja, Pech gehabt. Raus damit. Es gibt ein ganz bestimmtes Nachthemd, in dem schlafe ich einfach besser als in allen anderen oder in den ewigen T-Shirts. Wehe, ich muß auf eine Reise gehen, und dieses Nachthemd ist gerade in der Wäsche! Katastrophe! Ich habe die Schubladen voller Wäsche und krame immer nur nach diesen zwei ganz einfachen Hemden, eins schwarz, eins weiß, wie Turnhemden geschnitten, reine Baumwolle, und wühle mich mißmutig durch den teuren Spitzenschnickschnack. Wo sind die einzig tragbaren, einzig geliebten Unterhemden? So gesehen könnte man im Grunde seinen ganzen Hausrat samt Kleiderschrank drastisch reduzieren auf zwei, drei Lieblingsstücke. Die anderen braucht man eigentlich nur, falls die Liebsten mal «verlegt» sind ...   *5/96*

Kosmetische Geheimsprache

also ... natürlich wollen wir alle schön sein! Und natürlich informieren wir uns über die neuesten Körperpflegeprodukte, aber ätsch, wenn man kein Englisch oder Französisch kann, steht man ganz schön blöd da. Schließlich fängt der Tag mit Showergel an, wahlweise mit Gel moussant pour le bain et la douche. Danach tragen wir Bodylotion und Skinrefresher auf, und dann kommt die Crème nutritive compensatrice, nicht wahr? Und bitte den Stylingschaum nicht vergessen, und ohne Hairrepair geht gar nichts. Ach, wie oft stehe ich im Bad mit Brille und Wörterbüchern und versuche verzweifelt zu entziffern, wofür denn nun welches Pröbchen ist: Muß ich es mir ins Gesicht oder auf die Beine schmieren? Morgens oder abends? Nimmt es Falten weg oder macht es die Haut feucht? Hochkomplizierte Pflegeserien – das Care Program – warten darauf, von mir dechiffriert zu werden. Was ist bitte ein Revitaliseur Intensif LTC-LC aux Thymosomines? Was ist ein Light diffusing Make-up? Was bewirkt Turnaround Cream? Was bedeutet Vital Oxygen Supply? Was ist ein Multi Vitamin (ha! Vitamin weiß ich!) Moisture Supplement? Natürlich kann ich versuchen, mir das alles irgendwie zusammenzureimen, ich ahne auch, daß ich den Morning Course morgens, den Night Course hingegen besser abends anwenden sollte. Aber da haben sich nun die Labors weltweit so viel Mühe gegeben, mich straff und schön zu machen oder zu erhalten, und ich weiß nicht, was denn nun Thymosomine sind. Sicher, irgendwo war das mal erklärt, aber kann man sich das alles merken? Was ist für ein Unterschied zwischen cleaning und cleansing und purifiante? Mach ich auch alles richtig mit Moisture, Conditioner und Lotion? Muß ich ab fünfzig das Age Management Intensified Serum gegen vorzeitiges Altern nehmen, oder reicht heimlich die Nivea-Dose? Da lese ich, daß der Line Inhibitor «intensiv und mit spektakulärem Ergebnis» wirkt, weil er das erste High-Tech-Konzentrat ist und somit der «direkte Problemlöser für Falten». Wie schön! Danke! Niemand will faltig werden – aber was zum Donner ist ein Line Inhibitor? Ach, die Kosmetiksprache wird immer komplizierter, oder wissen Sie auf Anhieb, was eine Phyto-active Face Cream ist? Ja, gut, eine Gesichtscreme, aber was ist Phyto? «Phytosphären versorgen Ihre Lippen kontinuierlich mit Feuchtigkeit.» Prima! Aber was ist Phyto? Lesen Sie die Packungsbeilage, wenn Sie können, oder fragen Sie Ihre Frauenzeitschrift, die sich immer wieder bemüht, erklärend das Frauenleben zu begleiten. Im Moment ist z. B. gerade der AHA-Aktiv-Complex in. Was das ist? Ganz einfach: Alpha Hydroxy Acids = AHA. Was das ist? Keine Ahnung, klingt aber gut. Und freie Radikale sind keine politische Kampftruppe, sondern ein böser Feind schöner Haut, aber da hilft das Hydro-Nourishing-Program. Und Liposome sind immer gut. Was sind noch mal Liposome? Höchst geheimnisvoll, das alles. Und so benutzen wir unser Sérum éclat intense, und wir ahnen, daß es gegen das Altern sein soll, aber so brutal steht's eben nicht drauf, sondern hübsch in Geheimcodes verschlüsselt. Vielleicht ist die ganze undurchschaubare Kosmetiksprache letztlich ein Akt der Barmherzigkeit? «Antifaltencreme» klingt ja wirklich deprimierend ...   6/96

Nachgewiesene
Lebenserfahrung

also ... der Schriftsteller Erich Maria Remarque, der mit «Im Westen nichts Neues» einen Welterfolg geschrieben hat, war wirklich Dorfschullehrer, Klavierlehrer, Organist, Buchhalter und, ja doch, Grabsteinverkäufer. So will es die Fama. Und eine Art Buchhalter war der portugiesische Autor Pessoa. Und überhaupt hatten viele Schriftsteller «richtige» Brotberufe, die gern in den Klappentexten ihrer Bücher angegeben werden – dann sieht man: Aha, kein Luftikus, der Junge weiß auch seine Hände zu gebrauchen und dichtet nicht nur so in den Tag hinein, brav so. Schon Mao hat ja während der sogenannten Kulturrevolution die Intellektuellen auf die Felder und in die Fabriken geschickt, damit sie das Leben kennenlernen, und auch der Vater sagt zum Sohn: Maler willst du werden? Wie dieser van Gogh, der sich dann doch bloß ein Ohr abgeschnitten hat? Großer Gott, nein, du wirst Zahnarzt und aus. Das Gefühl, daß die Kunst nichts Rechtes sei, scheint tief zu sitzen, warum sonst mühen sich gerade Autoren ab, in ihren Lebensläufen Realitätsnähe und Lebenserfahrung zu dokumentieren? «Irrenwärter», lesen wir da oft und gern, oder «Leichenwäscher». Und dann ein schmales Lyrikbändchen, auf der Basis von gewarteten Irren und gewaschenen Leichen. Macht das die Literatur größer, daß wir nun wissen: der da ist tief hinabgestiegen in die Niederungen des Lebens? Der damals 35jährige Autor Matthias Altenburg schoß bei seinem Erstling den Vogel ab in Sachen Erfahrungsbiographie, gab er doch nicht nur an, «zwischen Hochhäusern und Hasenställen» aufgewachsen zu sein (was will uns der Dichter damit sagen?), sondern erwähnte auch – neben dem Studium der Literaturwissenschaft und Kunstgeschichte in Göttingen – die Berufe Küchenjunge, Staubsaugervertreter, Geldeintreiber, Kritiker, Lektor. Was ist das, ein Lebenslauf für eine Satirezeitschrift oder ernstgemeinter Hinweis: Seht her, ich kann Geld eintreiben und staubsaugen, also kann ich auch dichten? Beim nächsten Buch zwei Jahre später war dann nur das Studium geblieben, und der Beruf lautete schlicht: Schriftsteller. Die amerikanischen Autoren lehren immer an irgendeiner obskuren Universität, die keiner kennt, «kreatives Schreiben», die französischen sind alle Philosophen, aber die deutschen, holla, die haben Erfahrung als Lastwagenfahrer, Bierzapfanlagenreiniger, Trockenblumenstecker oder, schönstes Beispiel in jüngster Zeit, «Stöckelschuhgießer». Wenn Jewgenij Charitonow seinen Lebensunterhalt als «Therapeut für Stotterer» verdiente – muß ich das zwingend wissen, um seine Texte über homosexuelle Liebe in der UdSSR zu verstehen? Es wird halt so als Information mitgeliefert. Muß ich von einem Autor wissen, daß sein Vater Wiener Sängerknabe war? Von einer deutschen Autorin, daß sie «Ehe, Familie und Trennung mitgemacht und Wohngemeinschaften ausprobiert» hat? Himmel, nein, ich muß nicht. Aber vielleicht verkauft sich das Buch besser, wenn so viel Lebenserfahrung nachgewiesen wird? Also, Ihre Kolumnistin war in jungen Jahren schon Putzfrau, Briefträgerin und Farbfoto-Retuscheurin. Deshalb, liebe Leserinnen, kennt Sie auch das Leben so gut! Zufrieden?   *7/96*

Gekritzel in Büchern

also ... ich gebe es zu: Ich kritzle in Büchern herum. Natürlich nur in meinen eigenen, aber da ist es schon so weit, daß ich ohne Bleistift in der Hand gar nicht mehr lesen mag. Ich muß doch anstreichen, was wichtig ist! Ich muß es einerseits, weil ich viele Rezensionen schreibe und dann rasch wichtige Zitate wiederfinden möchte, aber ich muß es andererseits und letztlich viel zwingender aus einem inneren Drang heraus. Da steht was über die Liebe, genau das habe ich auch schon immer gedacht, nur nie so schön sagen können, also: anstreichen! Wenn ich in alten Büchern blättere und lese, was mir anstreichenswert erschien, als ich achtzehn, zwanzig Jahre alt war, muß ich sehr lachen und finde die wilde junge Elke wieder. Auch alle Fremdwörter habe ich damals nachgeschlagen und am Rand erklärt. Im Laufe der Jahre werden die merkenswerten Zitate wesentlich gelassener, und so kann ich anhand gelesener Bücher meine eigene Entwicklung verfolgen. In den 70er Jahren strich ich zum Beispiel an: «Wie traurig, eine Frau zu sein. / Nichts auf der Welt ist so gering geschätzt. / Jungen stehen lässig an der Tür / wie aus den Himmeln gefallene Götter.» Was das ist? Ein kurzes Gedicht aus dem 3. Jahrhundert nach Christus, geschrieben von der Chinesin Fu Xuan. Schön, das nach Jahren wiederzulesen und festzustellen: Es stimmt noch immer. Schwierig wird es, wenn man Bücher ausleihen soll, in denen man herumgekritzelt hat – peinlich, weil sie zuviel von einem selbst preisgeben,

Gefühle, Gedanken, Wut. Köstlich hingegen, ein Buch mit Notizen geliehen zu bekommen. Ich blättere es immer zuerst ganz durch und will sehen, wo der fade Rainer «Bravo!» an den Rand geschrieben hat oder «Prächtig ausgedrückt!» Das genau sind in der Regel die dümmsten Stellen. Schlimm sehen oft Bücher aus Bibliotheken aus – was keinem gehört, kann jeder verhunzen, und anonyme Kommentare, Eselsohren und Anstriche stören sehr beim Lesen. Man möchte den Text kennenlernen und lernt unfreiwillig die Deutung des Vor-Lesens kennen, an dem man nur wenig interessiert ist. Schrecklich auch, wenn «Wieso?» oder «Was soll das heißen?» am Rand steht und man weiß, was das heißen soll, aber der, dem man es erklären möchte, ist nicht greifbar. Ich selbst neigte früher dazu, meine Gegenargumente an die Ränder zu kritzeln: «Schopenhauer irrt, weil nämlich ...» Heute kann ich darüber lachen, hüte mich aber, solche Bücher auszuleihen, die mein philosophisches Duell mit Schopenhauer belegen könnten. Geht nicht gut aus für mich. In Arztwartezimmern sehe ich immer wieder lesende Patienten, die verstohlen, damit es keiner merkt (es merken immer alle), einen Artikel aus einer Zeitschrift des Lesezirkels heraustrennen. Das ist die andere Form des Markierens: die Seite gleich ganz mitnehmen – in Zeitungen entschuldbar, für Bücher der Tod. Aber irgendwas muß dran sein an dem Spruch, daß man, was man schwarz auf weiß besitzt, getrost nach Hause tragen kann, und sei es ein BRIGITTE-Kochrezept. Aber ich lese Tim O'Brien und streiche an: «Es gibt keine Ordnung. Schuld hat nur das menschliche Herz.» *8/96*

also ... wir machen eine Umfrage über Prominente und ihre Tiere, schreibt mir eine bunte Zeitung, und wir kämen gern auch mal mit einem Fotografen zu Ihnen, liebe Frau Heidenreich. Ja, sonst noch was ... Da würden sich meine Katzen aber freuen. Und wenn in einem Vorhaben das Wort «Prominente» vorkommt, bin ich schon gleich mal nicht dabei und überlasse das Feld gern Uschi Glas, Thomas Gottschalk und Linda de Mol. Prominent kommt vom Lat.: prominere, hervorragen, na fein. Aber das ist ja nicht unser Thema heute, das Thema ist: Menschen und ihre Tiere, und ich werde, seit ich ein Katzenbuch geschrieben habe, immer wieder gefragt: «Ach, Sie mögen keine Hunde?» So fest sitzt das in den Köpfen, entweder – oder. Entweder Katzen oder Hunde, denn diese beiden Sorten Tierhalter werden als Todfeinde gehandelt, wie ja auch Hund und Katz als Feinde gelten. Ich hatte mein Leben lang Hunde und Katzen gleichzeitig, nicht nur habe ich immer beide sehr geliebt, sie mochten sich auch untereinander, schliefen in denselben Körbchen, fraßen zusammen, leckten sich zärtlich ab. Es kostet in der Regel ein, zwei Tage Geduld, Zeit und Liebe, um neue und verschiedenartige Tiere aneinander zu gewöhnen, aber dann geht alles. Die Feindschaften werden künstlich gezüchtet, wie das Feindschaften so an sich haben, auch der Kampfhund wird nicht als Kampfhund geboren. Spaß macht es aber, zu beobachten, wer welches Tier bevorzugt und warum. Schmük-

kende Pudel, edle Rassekatzen, Michael Jacksons Affe im
Frack und LaToya Jacksons Riesenschlange, das hat schon
was zu bedeuten. Loriot kennen wir mopsumrankt, und
vielleicht haben Sie Lust, darüber nachzudenken, warum
die Möpse von Gregor von Rezzori angeblich «Cunnilin-
gus» und «Fellatio» heißen. Terrier Michael Schumacher,
der sich durch die Raserszene beißt, wird – sinnig – immer
von einem Terrier begleitet, Sascha Hehn liebt ein Roß
und Franziska van Almsick einen Rottweiler, wie Prinz
Charles (haha, Witz gemerkt?). Gerhard Schröder, Mini-
sterpräsident in Niedersachsen, sieht klasse aus neben seinem riesigen Neufundländer, ja, so möchten wir den
Kanzler sehen! Harrison Ford hat einen Labrador (auch
meine Lieblingssorte, gleich nach Bastard), und Brigitte
Bardot liebt alle Tiere, wie es im Idealfall der Tierliebe
auch sein sollte. Ich bin sehr skeptisch gegenüber den
Tierfreunden, die ihr Kätzchen herzen, aber Steine nach
Tauben schmeißen und mit dem Pantoffel auf jede Spinne
in der Zimmerecke klatschen. Mein Lieblingsprominen-
tentier ist Socks, der schwarz-weiße Kater der Clinton-
Tochter Chelsea, the White House Cat. Er verschickt sogar Autogramme, ich hab eins, mit Pfotenabdruck und
Unterschrift «Your First Cat», köstlich. Ich sammle alles
über Socks, weil ich es mir schwierig für einen kleinen Kater vorstelle, so im Licht der Weltöffentlichkeit zu stehen,
und ich erinnere mich an das Bild einer Reportermeute auf
Knien, die mit tausend Apparaten einen mißgestimmten
kleinen Socks auf dem Rasen vom Weißen Haus knipste.
Wir wollen Sie gern besuchen, liebe Frau Heidenreich, um
Ihre Katzen ... o nein, gewiß nicht! Und wenn dann doch
etwas erscheint – na klar, in Archiven gibt es immer Fotos,
auch von mir, die Hausbesuche vortäuschen. Nicht alles
glauben! *9/96*

Wahnsinn !

also . . . ich denke nicht gern in so alttestamentarischen Dimensionen wie Rache und Auge um Auge, Zahn um Zahn. Aber die Sache mit dem Rinderwahnsinn erscheint mir wie eine gerechte Rache der geschundenen Kreatur, obwohl nun gerade Tiere von Rache gar nichts wissen – sie müssen wohl erst so mißbraucht, gequält und ausgebeutet werden, daß sie dabei zerstört werden und uns in diese Zerstörung mitreißen. Ich habe durchaus noch die Bilder von Ochsen mit gebrochenen Beinen vor Augen, auf die die Männer im Schlachthof mit Eisenstangen einprügeln, weil die Tiere nicht mehr die letzten Schritte zum Schlachten gehen können. Da bekommen die Kühe, die in jämmerlicher Massenhaltung eingepfercht sind, kaum mehr Gras zu fressen, was ihre natürliche Nahrung wäre, sondern Kadavermehl, billig zermahlene andere geschundene Kreaturen. Können sie sich nur noch mit einem Wahnsinn «wehren», der sich auf uns überträgt? Grimmig denke ich, wie recht uns das geschieht, grimmig denke ich, nun endlich wird vielleicht auch der letzte Trottel begreifen, was wir uns selbst und der Welt antun, wenn fast jeder jeden Tag Fleisch auf seinen Teller häufen muß. Sehen Sie sich die Betriebskantinen und die Gasthäuser doch an – Schnitzel, Kotelett, Roulade, Steak, Gulasch, Frikadellen, sogar noch auf dem Salat Putenbruststreifen, denn Salat allein, das kann ja einfach nicht sein. Wer je gesehen hat, wie verängstigte Puten zusammengepfercht auf blutig-krüppe-

ligen Füßen in ihrer eigenen Scheiße stehen (bei Puten-
mast: Ausmistung zweimal jährlich, also einmal pro Pu-
tenleben), der kriegt kein Stück Putenfleisch mehr runter.
Jetzt endlich, jetzt, wo diese schrecklichen Bilder von
erkrankten MENSCHEN (und, wohlgemerkt: weißen
Westmenschen) durch die Presse gehen, jetzt endlich setzt
– vielleicht, hoffentlich! – ein Umdenken ein, wir brauchen ja wohl immer sehr, sehr lange für alles. Aber wenn
die Welt kaputtgeht, wenn es kein klares Wasser und keine
reine Luft mehr gibt, wenn auch der letzte Billigtanker
sein Öl in unsere Meere geschüttet hat und wenn ganze
Landstriche durch Abholzen öde und verwüstet sind,
wenn Völker von Seuchen hingerafft werden und die anderen nur noch in Schutzpanzern ins Freie können, weil es
keine Ozonschicht mehr gibt, dann vielleicht wird ja irgendeiner kommen und sagen: «Oh, haben wir da wohl
etwas falsch gemacht?» Wir sind fett, wir haben Stoff-
wechselkrankheiten, wir machen Diäten und Fastenku-
ren, aber wir futtern unseren Teller leer, Fleisch muß möglichst oft drauf sein. Das Elend der Tiere, ihre gnadenlose
Ausbeutung, Mißhandlung und Degradierung zur Ware
hat uns nur selten gerührt. Jetzt ist der Preis zu zahlen.
Mit vollem Recht. Und irgendwann schafft es auch die
stumme Natur, auf sich aufmerksam zu machen. Dann
aber ist es zu spät. Es gibt Tage, an denen ich sehr froh bin,
schon über 50 zu sein.   *10/96*

Essensdekoration

also ...

Mutters Eintöpfe wollen wir nicht mehr unbedingt haben – alles um zehn Uhr aufsetzen, damit es um ein Uhr gar ist. Und alles sah gleich aus und schmeckte gleich. Nein, die Küche ist raffinierter geworden, und ein Quell der Freude sind neckische Garnituren auf den Tellern. Doch, hübsch, so ein frisches Salatblättchen auf dem Tellerrand, dazu ein zur Rose geschnitzeltes Radieschen. Kann man dann und wann sogar mitessen, wenn man nicht das Gefühl hat, daß diese Kreation schon auf sechs anderen Tellern gelegen hat. Aber wer erklärt mir den Sinn eines netten Büschels Petersilie am Rand von Grünkohl und Mettwürstchen? «Sieht doch sonst so kahl aus», sagt die Kellnerin tröstend, als wir irritiert nachfragen. Ach so. Ja, warum dann nicht gleich Schokoladenherzen oder Gummibärchen? Besonders schön tobt sich die Phantasie immer am illustrierten Brot aus, nun heißt das ja aber auch schon so. Gürkchen, Tomätchen, Eierscheibchen, zu Hütchen gedrehte Salami wetteifern da um den ersten Platz in Originalität, und da gehören sie alle ja auch hin. Was hingegen die Tomatenscheibe als Garnitur am Rand von Sauerkraut mit Eisbein soll, weiß nur der Koch. Da gibt es, scheint mir, so eine Schüssel in deutschen Küchen, in der liegt «Garnitur», und die wird dann wahllos auf die Gerichte geklatscht, wie's gerade kommt. In feineren Restaurants gibt der Küchenchef sich der Kunst völlig ergeben hin und schnitzt aus Mohrrüben Schmetterlinge und aus Kohlrabi kleine Früchtekörbchen, in die dann das Preiselbeerkompott gebettet wird. Zu und zu herzig, aber ich frage mich, was mit dem Rest Möhre, dem Rest Kohlrabi wird, den Schnitzabfällen sozusagen. Weggeschmissen wahrscheinlich, und schon bekommt die Sache mit der Garnitur einen faden Beigeschmack. Muß das sein, nur so, aus Jux? Nichts gegen Gourmetgenüsse auch fürs Auge, aber es gibt so eine gewisse Gedankenlosigkeit im Umgang mit Nahrungsmitteln, die ist schon ärgerlich. Allzu große Hysterie mit aufgedruckten Haltbarkeitsdaten gehört auch dazu. Nicht jede Tütensuppe muß gleich weggeworfen werden, weil Mai '96 draufsteht, und heute ist der 1. Juni. Wir wissen, daß sich ganze Bevölkerungsgruppen von solchen Überflußlebensmitteln ernähren, wenn sie können und wenn das alles nicht zuvor in unseren Mülltonnen landet. In New York wird einmal im Jahr ein Festtagsmenü gekocht, nur aus Resten, die weggeworfen wurden – zum Beispiel dem Rest Möhrenschnitzwerk und übriggebliebenen Dekorationen, denn für die echten Feinschmecker wird ja alles, was nicht bildschön aussieht, rechts und links weggesäbelt, auch wenn es durchaus noch eßbar wäre. In diesem Sinne könnte man sich höchst lächerliche Dekorationen bei manchen Gerichten gewiß auch sparen; die ewig zur Spirale gedrehte Apfelsinenscheibe muß ich, bitte, bei Leberkäs mit Bratkartoffeln und Spiegelei nicht haben. *11/96*

Tun, was man will?

also

Hand aufs Herz: Gibt es irgendwann im Leben eine Zeit, in der man wirklich tun kann, was man will? Die Kindheit ist es nicht. Mama bestimmt, wann und was man ißt, wann gespielt, wann geschlafen wird. Dann kommt die Schule und schreibt uns vor, bis wir, sagen wir, neunzehn oder zwanzig sind, wie die Zeit einzuteilen ist, und die Eltern reden auch noch tüchtig mit. Dann aber! Freier Mensch? Pah. Entweder Beruf, Ausbildung oder Uni, Zeitpläne, Stundenpläne, Verpflichtungen, Untermiete, Kehrwoche, Bundestagswahlen, Krankenkasse, TÜV, ich grüße dich, du schönes Regelwerk rings um mein Leben. Dann aber – Urlaub! Ja, Frühstück bis zehn Uhr, also los, rasch aufstehen. Ausflug auf die Inseln! Bitte hinten anstellen. Eigene Wohnung: Miete oder Hypothekenzahlung bitte pünktlich, Dauerauftrag, Zeitung lesen, Abfall sortieren, leere Flaschen wegbringen, Ladenschlußzeiten, Zahnarzttermin mit Bonusbüchlein. Mutter hat es gut. Mutter ist alt, Rentnerin, lebt still in ihrer Wohnung in den Tag hinein, kann tun und lassen, was sie will – bißchen schlafen, bißchen lesen, bißchen spazierengehen, bißchen fernsehen – Mutter, sage ich, du brauchst eine Putzfrau. Und deine Gardinen müssen gewaschen werden. Und diese Küche ist sooo unpraktisch, das machen wir jetzt mal neu. Ich stelle fest: Auch Mutter darf nicht, wie sie will – dafür sorge ich schon, denn so hat ja auch sie mich mal erzogen, daß immer irgendwer über irgendwen alles besser weiß, sich sorgt, sich einmischt. Aufklärung, sagt Kant, ist der Ausgang des Menschen aus seiner selbstverschuldeten Unmündigkeit. Gewiß, er hat ein bißchen was anderes gemeint als das, worüber ich hier gerade schreibe. Aber Unmündigkeit, das ist das Wort, das mir in den Sinn kommt. Wir sind unmündig, unser ganzes Leben lang, wir sind abhängig von Menschen, Mietverträgen, Arbeitszeiten, Hotelfrühstücken, Versicherungen, roten und grünen Ampeln, von Geschwindigkeitsbegrenzung, Hundesteuer und Feuchtigkeitscreme, donnerstags wird die Mülltonne geleert, Freitag kommt der Schornsteinfeger, guten Tag, wir lesen Ihre Wasseruhr ab, he, da können Sie nicht parken! Regeln, Gesetze, Pflichten, Uhren. Ich liege auf dem Sofa, Alfred Brendel spielt Klavier für mich, ich mache die Augen zu und schwebe davon in einen Freiraum, irgendwohin, wo ich nichts muß, soll, habe, bin. Niemand verlangt etwas von mir, keiner redet mir rein, wie ich es machen soll, ich bin einfach nur federleicht und frei, wenigstens im Kopf. Das gibt es. Zum Beispiel in diesen seltenen, wunderbaren Augenblicken der Liebe, wo wirklich alles stimmt. Wenn wir die nicht hätten … Und danach klingelt aber auch sofort der Postbote und hat das Einschreiben mit der Mahnung, weil wir irgendwo irgendwas nicht rechtzeitig bezahlt haben. An manchen Tagen tröstet nur eine Katze auf dem Bauch. Die Katze, denke ich, ist frei. Sie geht ein und aus, wie sie will, hat keine Pflichten, ist stolz und schön, unabhängig und mündig. Nein – sie kann den Kühlschrank nicht aufmachen und die Terrassentür auch nicht. Ach, Katze, sogar du bist Zwängen unterworfen … was für eine blöde Welt. *12/96*

Über das Muß

also . . . den Film «Nixon» haben Sie doch schon gesehen, oder? Den haben Sie noch nicht gesehen? Oh, den müssen Sie aber sehen, sonst können Sie gar nicht mitreden, was machen Sie denn eigentlich in Ihrer Freizeit, oder wohnen Sie auf einem Dorf, wo es kein Kino gibt, haha? War die Vermeer-Ausstellung in Den Haag nicht wahn-sin-nig? Die war wahn-sin-nig. Wie, Sie waren nicht da? Sie waren nicht in Den Haag? Wie konnte das passieren? Keine Karten? Ja, liebe Frau, das weiß man doch Mo-na-te vorher, da bestellt man vor, da schreibt man, nein, da stellt man sich nicht in die Schlange, da hat man Karten. Das ist aber seltsam, Sie haben die Vermeer-Ausstellung nicht ...? Na ja. Haben Sie schon eine Hose mit Schlag? Ach, Sie haben noch keine Hose mit Schlag? Entschuldigung, aber wie wollen Sie denn dann durch diesen Sommer kommen? Das wird aber ganz schön schwierig. Dann haben Sie vermutlich auch noch keine Schuhe mit Plateausohlen? Das dachte ich mir. Aber das neue Buch von Monika Maron, das haben Sie doch gelesen, oder? Sie haben ... Aber warum macht denn Reich-Ranicki das alles, wenn Sie es dann nicht lesen? Ach, sie haben es schon gekauft, natürlich, nur noch nicht gelesen? Verstehe. Das liegt jetzt drei Jahre auf dem Nachttisch, ja? Wahnsinn, das neue Parfüm von Gaultier in der ulkigen Flasche. Kennen Sie nicht? Ach, das kennen Sie nicht? Lassen Sie mich raten, Sie haben keine Tasche von, na, Sie wissen schon, mit den Buchstaben drauf, die

34

Kult-Tasche schlechthin, haben Sie nicht, oder? Dachte ich mir. Dann finden Sie wahrscheinlich auch nicht, daß Sandra Bullock über Nacht ein toller Star geworden ist und John Travolta der Mann, auf den wir immer schon gewartet haben, nein? Ich komme der Sache näher. Sie gucken auch nicht die Kult-Serie des deutschen Fernsehens, ja, Sie verabscheuen die «Lindenstraße» geradezu, richtig? Richtig! Ich vermute mal weiter: Sie werden in Schiesser-Unterwäsche froh, es muß nicht Calvin Klein sein? Richtig. Sie können sich ein Leben ohne Designer-Sonnenbrille noch vorstellen? Dachte ich mir! Wahrscheinlich essen Sie auch nicht einmal die Woche beim Japaner? Und ich nehme an, daß Sie nicht nach Paris fliegen, um sich jetzt mal eben die Skulpturenausstellung auf den Champs-Élysées anzusehen, die man sich, ehrlich gesagt, einfach ansehen MUSS? Sie müssen nicht? Ha, wußte ich's doch. Ich schätze, daß Sie nicht in schwarzer Satinwäsche schlafen und sich von niemandem einreden lassen, jeder Mensch müßte mal Ecstasy probieren, hab ich recht? Ich komme der Sache schon näher, was? Gleich habe ich Sie: Sie trinken Mineralwasser, das nicht in blauen Flaschen ist, oder? Sie trinken Mineralwasser aus weißen Flaschen! Ha! Klasse! Sie sind in Ordnung. Sie lassen sich nicht auf jedes Kult-Eis führen, Sie haben eine eigene Meinung. Sie machen nicht alles mit, nur weil man es macht. Letzte Frage: Sie finden Hugh Grant dämlich, oder? Dachte ich mir. Sie sind okay.   *13/96*

35

Datenautobahn

also ...

ich gebe zu, daß ich beim Stichwort «Windows» lange ans Fensterputzen gedacht habe. Aber es ist mir in meinem hohen Alter (!) doch noch gelungen, einen netten kleinen Computer halbwegs zu begreifen und zu benutzen – ich kann geradeaus schreiben, korrigieren, einfügen, ändern, ausdrucken. Befinde ich mich damit auf dem Communication Highway? Nein, ich habe nur meiner lauten, verhaßten, ewig kaputten Schreibmaschine ein Schnippchen geschlagen, die kann jetzt in der Ecke verstauben, und ich bin glücklich mit Microsoft Word. Aber ich verstehe die Computerwelt heutiger Studenten deshalb noch lange nicht. «Klasse», sagt Ferdinand, Sohn einer Freundin, «wir können uns an der Uni jetzt ins Internet einklinken.» – «Ah», frage ich beeindruckt, «und was macht ihr da?» Er könne, sagt Ferdinand, mit Kommilitonen an anderen Universitäten korrespondieren, könne Einsicht in alle Bibliotheks-Kataloge nehmen, er könne Datenbanken abfragen und ... «Ha!» rufe ich und werfe kühn ein Wort in die Debatte, das in letzter Zeit so modern ist: «Datenautobahn! Gibt es auf der Datenautobahn auch Unfälle?» Keine Scherze mit Ferdinand über ernste Themen – beim Online-Surfen könne man schon mal vom Weg abkommen, gibt es immerhin zu und schwärmt vom www (world wide web), in dem Newsgroups gemeinsam durchs Netz surfen können. «Edutainment» ist das neuste Zauberwort, eine Mischung aus Erziehung, Lernen (education) und Unterhaltung (entertainment), und das, nachdem wir endlich wußten, was unter Infotainment zu verstehen ist. Wenn auf Ferdinands Uni alle Modemleitungen des Rechenzentrums belegt sind, steht er schon mal im Datenstau, also gibt's das auf der Datenautobahn auch, wie im richtigen Leben! Es ist überhaupt alles wie im richtigen Leben, aber eben nur fast – zum Beispiel kann ein Computerprogramm von Viren befallen werden, dann ist es krank, nein, es stürzt ab. Oder so. Input, output, exit. Früher hab ich mich darüber gewundert, daß meine Mutter nicht begreifen konnte oder wollte, wie ein Kassettenrecorder funktioniert. Sie konnte gerade mal eine Kassette einlegen und abhören, aber sie konnte nicht aus dem Radio die schönen Konzerte mitschneiden («Schneiden! Mit einer Schere? Wie denn?»), wofür ich ihr doch das Gerät gekauft hatte. Heute sieht Ferdinand meinen netten kleinen Computer mitleidig an und stellt fest, daß ich nicht mal ein Prozent von dem ausnutze, was der kann. («Was für einen Prozessortyp hast du denn? 80386 SX! Na, dann hast du eine Speicherkapazität von 16 Megabyte???») Tolle Sache, das. Ferdinand zeigt mir mit ein paar angetippten Tasten, was es da noch alles gäbe, und er holt Texte wieder zurück, die ich für gelöscht und verloren gehalten hatte. Kinder sitzen vorm Computer und surfen durch die Programme oder bestimmen mit CD-Rom selbst, was sie lesen und lernen wollen. Aber meine Festplatte Hirn, fürchte ich, ist nicht mehr beliebig aufrüstbar. «Dabei», sagt Ferdinand, «wäre das gerade für dich so klasse – guck mal hier, Vegetarier im Internet, http:/www.smartlink.net/hiller/food/pg vegtar htm. Oder: http:/www.ozemail.com.an/tyrus/Vegan-Pages/index.html.» Ach ja! Dann man los. Auch ältere Damen können noch was lernen. (Zum Beispiel im Sommer '95: das Springen vom Dreimeterbrett!) *14/96*

Wer mit wem?

also ... das hat die Menschen immer schon rasend interessiert: Wer hat was mit wem und warum? Aber im Moment ist das Thema geradezu inflationär und kommt schon fast einer Seuche gleich – in ein und derselben Woche hatten neulich zwei große (große?) Illustrierte auf dem Titel: Ehefrau und Geliebte im Clinch – wer siegt und warum? Und die Geschichten dazu ließen an spekulativer Klebrigkeit nichts zu wünschen übrig. Die Geliebte siegt in der Regel, weil sie jung und schön, kurzum: neu ist. Wer neu ist, meckert noch nicht soviel herum und findet den auch alt gewordenen Herrn noch fabelhaft. Die Gattin verliert, wenn sie weint, anklagt, kritisiert oder zuviel mitdenkt. Sie gewinnt, wenn sie sich, siehe Hillary Clinton, über Rivalinnen nur lustig macht («Hamburger ißt man schnell, aber sie machen nicht satt»). Nun hat die Gattin des amerikanischen Präsidenten leicht siegen, die Clintons und Kennedys dieser Welt werden sich hüten, für eine Affäre ihren Job aufs Spiel zu setzen, um die Ehefrau geht es dabei höchstens als Statussymbol, das «hat man» eben. Es macht sich so ein hämischer Trend bemerkbar, und ich denke, den sollten wir uns nicht bieten lassen. Immer mehr versuchen Zeitungs- und Fernsehmacher, uns in den schmuddeligen Sumpf ihrer eigenen kleinen Gedanken zu ziehen, uns so klein und blöd zu machen, wie sie selbst anscheinend klein und blöd sind. Warum sehen wir uns den täglichen Schrott auf allen Kanälen ohne Aufmucken an?

Warum protestieren wir nicht spürbarer, wenn sich eine Journalistin nicht entblödet, auf Hiltrud Schröder herumzudreschen, die ihrem Mann schließlich auch ins Regieren reingeredet und ihm dann nur «Körner» gekocht hätte? Was für eine infame Art und Weise, sich in das Privatleben von Menschen zu mischen und eine Frau, die als «starke Frau an seiner Seite» einst hoch gelobt wurde, jetzt zu diffamieren – wer verlassen wird, muß ja selbst schuld sein. Ich frage mich, wie lange wir uns mit so etwas noch füttern lassen. Gut, sollen sie berichten, daß Mandela geschieden ist und was Winnie monatlich so an Lovern und Geld für Lippenstifte verbraucht. Aber vielleicht denkt man ja auch mal nach über eine Ehe, bei der der eine Partner das halbe Leben im Gefängnis saß und der andere sich allein – auch politisch – profilieren mußte. Nein, kein Gedanke daran, nur unterstes Niveau. Pavarotti verläßt nach mehr als dreißig Jahren seine Frau für seine junge Sekretärin. Eine Tragik, die sich schöner in Bildern ausschlachten läßt als die Tatsache, daß er das hohe C nicht mehr trifft. Ob Prinz Charles oder Wickert, Dohnanyi, Otto oder Elstner, ob Wussow oder Lothar Matthäus, eine gewisse Presse lag immer mit im Bett, hörte die Ehefrau weinen und sah die Geliebte triumphieren. Was für eine degoutante Masche. Eigentlich wollen wir solche zumeist erfundenen Einzelheiten gar nicht hören, denn es ist widerwärtig. Es geht weit über amüsante kleine Klatschgeschichten hinaus, wie da private Dramen ausgeschlachtet werden. Ab sofort: So was nicht mehr lesen, nicht mehr gucken. Wir sind doch viele, verdammt noch mal. *15/96*

Schnappschüsse

also ... wie halten Sie es mit Ihren Fotos? Liegen die alle in einer schönen, alten Pralinenkiste oder, wenn die zu klein wird, in einer Schublade, oder kleben sie nach Motiven und Jahren geordnet in Alben mit Fotoecken und Pergamentblättchen zwischen den Seiten? Wie auch immer, ob Sie selbst nun fotografieren oder nicht, jeder hat, jeder verwahrt Fotos. Man bekommt sie zugeschickt – von Tante Hilde die von der goldenen Hochzeit, Klaus schickt die Geburtstagsbilder (man sieht immer gräßlich aus), Mutter bündelt die Klassen-, Jugend-, Tanzstunden- und Konfirmationsfotos und schreibt: «Verwahr du die mal.» Und da sitzt man dann eines Abends und guckt: Man war ein niedliches kleines Mädchen! Und sogar Karlheinz hat damals gut ausgesehen, und guck mal, Katze Klara! Sie ist seit Jahren tot, aber sehen wir ihr Foto, fangen wir sofort wieder an zu weinen. Es sind die Erinnerungen an Gefühle, die wir verwahren. Den Mailänder Dom gibt es auf Ansichtskarten tausendmal schöner als auf unserem verwackelten, schiefen Bild, aber weißt du noch, das war der Tag, an dem ich mir diese ganz teuren roten Schuhe gekauft habe, und auf dem Platz war diese Oma mit dem süßen Blumenhut, die die Tauben gefüttert hat, und danach waren wir ganz schön essen ... Fotoschubladen haben den Nachteil, daß man nichts findet, wenn man mal eben jemandem das Bild von Günther zeigen möchte, als der so irrsinnig komisch im Karneval als Scheich ... Und Alben haben den Nachteil, daß der Gast nicht nur das Bild von Ritas Hochzeit anguckt, sondern keck ein bißchen blättert und plötzlich schreit: «Was, sooo dick warst du mal?» Man muß sich gut überlegen, was man aufhebt und was nicht, die scheußlichsten Fotos sollten lieber rechtzeitig im Papierkorb landen. Schön sind auch immer nach Trennungen oder Scheidungen die durchgeschnittenen Bilder – weg mit Walter, nur Ulrike ist noch geblieben, ohne linken Arm, daran hing er mal. Man kann mit Fotos schön manipulieren, ich weiß das, ich hatte als Studentin mal einen Job bei einer Firma, die Luftaufnahmen von Häusern, Höfen und Anwesen machte. Ich mußte einem Bauern Kühe als kleine bunte Punkte auf die Wiese retuschieren, einer Fabrik Bäume grün auf den Hof tupfen, und seitdem glaube ich sowieso fast nichts mehr, was ich auf Fotos sehe. Auch die frischen Tropfen auf kühlen Bierreklamen sind in der Regel Glycerin. Und der österreichische Bundeskanzler Vranitzky hat sich auch nicht selbst nackt aufs Titelbild bringen lassen – das war eine Montage. Bei öffentlichen Fotos ist Vorsicht geboten, aber den privaten Schnappschüssen kann man ruhig trauen, obwohl man in Wirklichkeit natürlich immer viel schöner ist als auf diesen Blitzlichtschreckschüssen. Ja, und nun wieder die Frage: Rein damit in die Sammelschublade oder nett am Küchentisch einkleben und dann ab ins Regal, ganz nach oben, zum Schulatlas? Egal, wie man es macht, irgendwann blättert man und guckt, erinnert sich und sagt: «Weißt du noch …?» Denn die Bilder halten mehr als jedes Tagebuch fest, was wir einmal waren. Weil sie uns daran erinnern, was wir genau in diesem Augenblick damals fühlten. *16/96*

Die Post, trara!

also . . . gibt es eigentlich noch eine Post? Oder heißt das alles Telekom? Oder hat Telekom nur was mit Telefonieren zu tun, und die Post, das sind die Briefe? Ich blick nicht mehr durch. Als ich noch ein junges Mädchen war und täglich mit hochroten Ohren auf lebenswichtige Liebesbriefe wartete, da kam der Briefträger zweimal am Tag, und er kam die Treppe in unserem alten Mietshaus hoch bis in den vierten Stock, denn Briefkästen unten im Hausflur gab es nicht. Das war die Zeit, als noch das Notopfer Berlin auf allen Umschlägen klebte. Heute kommt der Briefträger nur noch einmal. Früher um neun, dann um elf, jetzt haben wir in meiner Gegend ständig wechselnde Zusteller, die nicht vor 14, 15 Uhr erscheinen, und die Hälfte der Briefe im Kasten sind nicht für mich, sondern für irgendwelche anderen Menschen, deren Name vielleicht auch mit Hei… anfängt oder die auch irgendwo in einer Nummer 24 wohnen. So mache ich mich denn täglich ans Verteilen und finde auch oft spätabends in meinem Kasten meine Briefe, die sich auch wiederum verirrt hatten und mir von guten Seelen zugestellt wurden. Die einzige Telefonzelle, die es in meiner Gegend weit und breit gibt, wird gerade abgebaut – Wartung zu teuer, heißt es, und bei uns hätte ja doch jeder sein eigenes Telefon. Das kleine Postamt hat zugemacht. Die Briefkästen werden nur noch einmal am Tag geleert, wenn überhaupt, am Wochenende gar nicht, die einzige Post weit und breit hat länger Mittagspause als Schalteröffnung, sowieso ist von drei Schaltern nur einer besetzt, und daß die Gebühren eine Höhe erreicht haben, die ans Unverschämte grenzt verglichen mit der Leistung, muß ich niemandem erklären. Prima, nun soll's ja noch teurer werden, wahrscheinlich dauert es dann auch noch länger, bis eine Karte von Duisburg nach Köln gereist ist. Was ist los mit der Post? Nein, ich will nicht die Zeit der Postkutsche zurück, ich sehne mich nur nach einem Preis-Leistungs-Verhältnis und danach, daß nicht die ohnehin rare Kunst, Briefe zu schreiben, gänzlich ausstirbt an der Unfähigkeit und Unlust der Post, Briefe zu befördern. Als ich meinem neuen Zusteller nach einer Woche Nachmittagspost einen Zettel an den Kasten klebte: «Hilfe, warum kommt die Post so spät?», warf er mir den Zettel zerknüllt in den Garten, grüßen kann er auch nicht. Aus welchen finstren Ekken holt sich die Post neuerdings ihre Mitarbeiter, wo ist der frühere nette Briefträger geblieben, der uns alle kannte, ein Schwätzchen machte, ein Einschreiben auch schon mal so einwarf und die Unterschrift erst am nächsten Tag einholte? Gibt's nicht mehr. Wechselnde Briefträger werden eingesetzt, jeder muß sich neu in den Bezirk einarbeiten, die Route wieder neu ausarbeiten, kaum einer hast Lust dazu. Was kann ich als Kundin tun? Ich kann faxen statt schreiben, aber ein Stück Kultur geht dann wieder mal verloren. Ich bin angewiesen auf die Post, clevere Paketdienste wissen das und bieten ihren Service an, aber lästig, weil ich für jedes Paket extra unterschreiben und zu Hause sein muß. Wenigstens die Paketpost schickt mir noch den alten vertrauten Kollegen Müller, der mir jedes Paket vor die Haustür legt, auch wenn ich nicht da bin. Täte er das nicht, dürfte ich jedesmal bis ans andere Ende der Stadt fahren, um es ausgeliefert zu bekommen. Trara, die Post ist da? Nein: Die Post macht viel Trara, so rum.   *17/96*

Über Männer und Frauen

also ... Monica Seles ist den Kritikern im Moment zu dick. Mäkel, mäkel! Regt sich vielleicht bitte mal jemand auf über die Frisur von Boris Becker und über sein Augenzwinkern! Arantxa Sanchez hat immer noch zu stämmige Beine, mäkel, mäkel. Wer beschwert sich bitte über Andre Agassis grauenvolle Klamotten?

Mein Gott, ist Liza Minnelli kaputt, warum säuft sie aber auch soviel. Harald Juhnke dagegen, ist das nicht klasse, daß er nun schon wieder auf der Bühne steht? Also, Julia Roberts ist ja nicht besonders gescheit, mäkel, mäkel. Ach ja, aber Antonio Banderas und Don Johnson, die haben mit Sicherheit den Nobelpreis für Intelligenz verdient, oder was?

Himmel noch mal! Es sind tatsächlich immer wieder und immer noch und immer und immer die Frauen, an denen herumkritisiert wird und gemäkelt und gemeckert, man muß keine Feministin sein (was war das noch mal, eine Feministin?), um das zu sehen. Bei den Männern geht nach wie vor alles durch.

Löwitschs Falten sind sexy, Glatze ist schön, Saufen wie Juhnke macht männlich, und Autos kaputtfahren ist rasant. Bei Frauen senken Falten die Chancen, Saufen macht sie zum Flittchen, Autos kaputtfahren? Jaja, Weiber und Technik. Ihr Lieben, es hat sich nichts geändert. Klar, wir können darüber lachen, wir können sagen: Wir wissen es besser, es macht uns nichts aus. Aber wir können auch darüber nachdenken, warum das alles eigentlich so ist. Warum geht bei Männern so vieles durch, was man uns Frauen sofort ankreidet, von Äußerlichkeiten bis zu Verhaltensweisen? Ich weiß es nicht, ich komm einfach nicht dahinter. Machen wir was falsch? Machen die Männer was falsch? Sind alle verrückt? Sind eingefahrene Sachen so schwer aus den Köpfen zu kriegen? Warum ist dann die Erde, verdammt noch mal, nicht auch immer noch eine Scheibe, bloß weil Ulf Merbold und Thomas Reiter das Gegenteil behaupten? Nein, wir dürfen getrost glauben, daß die Erde rund ist, es waren ja auch schon Frauen oben im All, und die haben es selbst gesehen. Es gibt ja auch Ausnahmen, wenn es um die Einschätzung von Frauen geht, ich will mal gerecht sein: Unumstritten ist Mutter Teresa! Frauen, die sich aufopfern, sehen wir immer gern, ist das doch die ureigenste Aufgabe der Frau, nicht wahr? Schön auch Tina Turner: schon 56, und immer noch Rock 'n' Roll in superkurzen Kleidchen, da kann sich Peter Maffay mal eine Scheibe abschneiden. Und trotzdem: Das allgemeine Wertesystem scheint noch immer so aufgebaut zu sein, daß ganz oben der herrliche Mann steht, umrahmt von Autos und vielleicht von Zierblondinen, dann kommt die Natur, die wir alle so schön finden und so gründlich zerstören, dann, was kommt dann? Kinder? Ja, süß, süß, aber nur, wenn sie klein sind und nicht weiter auffallen. Und dann vielleicht kommen die Frauen, diese köstlichste Nebensache der Welt, without them, what would little boys do, sang schon Maurice Chevalier, was nur würden kleine Jungen ohne sie anfangen? Aber richtig ernst genommen werden Frauen immer noch nicht. Jedenfalls nicht so ernst wie ein Bierbauch mit kurzen Socken und tiefgelegtem Fahrgestell, der ihnen an der Ampel zuzwinkert. Laß ihn. Wir zwinkern zurück und denken: Wart's nur ab, Henry Higgins, wart's nur ab … *18/96*

Ein ganzes Land in XXL

also ... irgendwie ist neuerdings alles immer XXL, supergroß sozusagen. T-Shirts trägt man überhaupt nur noch XXL, das heißt, wenn irgendeine Werbefirma einem ein T-Shirt zuschickt, bedruckt mit Popgruppenreklame, ist es garantiert superübergroß. Man trägt das so, schlabbernd über Jeans oder gleich als Nachthemd oder nettes Gartenkleid. Ganze Bands kleiden sich im XXL-Look und sehen aus, als würden sie in Lederpampers auf der Bühne herumspringen, die mageren Knaben von East 17 zum Beispiel – Riesenhosen, die in schweren Falten auf die Füße fallen, Jacken mit meterlangen Ärmeln, die klumpig hochgekrempelt werden müssen, weil man ja irgendwie das Mikro halten muß, große Baseballkappen, natürlich verkehrt herum aufgesetzt. Was ist das für eine merkwürdige Mode, die einfach sechs Nummern zu groß sein muß? Hübsche, zierliche Mädchen tragen in diesem Sommer kurze, knappe Blumenkleidchen, aber ihre Füße stecken in hohen schwarzen XXL-Kampfstiefeln, möglichst ohne Schnürsenkel, schlurf, schlurf, an Tagen mit 36 Grad durch die Fußgängerzone in diesen Ungetümen, neuerdings ja auch wieder mit XXL-Plateausohle. Unsere Kinos, früher kleine Schuhschachteln mit rechts und links drastisch beschnittenem Kunstgenuß, werben wieder mit der XXL-Superleinwand, und kein Film macht Sinn ohne die übergroße Tüte Popcorn. Auch Schokoküsse sehen nicht mehr aus wie früher – entweder hat man sie neckisch im Miniformat oder gleich in superdick-riesengroß, das Normalmaß ist kaum noch zu finden. Und gestern kaufte ich die erste XXL-Schokolade, die auch so heißt. Warum muß bei der Formel 1 eigentlich immer hinterher alles mit der Magnum-Flasche Champagner naßgespritzt werden, täten es für diesen klebrigen Jux nicht auch 0,7 Liter? Nein, gerade bei der Formel 1 ist ja eh alles super-XXL, bis hin zu Michael Schumachers Kinn. Ein dicker Tenor (Pavarotti: XXL!) reicht nicht aus beim Gesang, es müssen drei Tenöre sein, die im Dreiersuperpack reisen und knödeln. Und versuchen Sie doch mal, zwei Rollen Klopapier zu kaufen – gar nicht so einfach, man nimmt sie im XXL-Achterpack. Ärgerlich wird die Sache beim kleinen Salat, der zwar auf kleinem Teller serviert wird, aber mit Blättern, groß wie Regenschirme, und versuchen wir, sie in mundgerechte Häppchen zu schneiden, schwappt die Soße vom Teller. Salat in deutschen Restaurants: immer XXL. In Bayern sind es die Biere – bestellen Sie im Biergarten einen halben Liter, kann es passieren, daß die Kellnerin raunzt: «Dafür renn i net!» Man trinkt a Maß, man trinkt XXL. Während in der Natur die Übergrößen wegen Platz- und Nahrungsmangel langsam aussterben wie die Elefanten und die großen Raubkatzen oder schon ausgestorben sind wie die Saurier und die Mammuts, bemühen wir uns, immer größere Flugzeuge, T-Shirts, Schuhe, Handtaschen, Erdbeeren, Schokoküsse und Tenöre zu entwickeln. Wir sehnen uns nach Größe, irgendwie. Na, letztlich ist es nicht wirklich zu verwundern in einem Land, in dem ja schließlich auch der Kanzler eine XXL-Ausgabe ist. *19/96*

Das Leben draußen . . .

· · · also das finden wir doch im Süden immer so schön: wie die alten Leute da abends auf einem Stühlchen vor der Haustür sitzen und miteinander schwatzen. Warum geht das bei uns nicht? Weil es zu kalt ist, weil es nicht erlaubt ist, weil es irgendwen mit Sicherheit stören würde, weil «man» es nicht tut, weil wir zu steif dazu sind und sowieso mit allen Nachbarn Krach haben, weil, wie sähe das denn aus, weil, weil, weil. Weil abends ferngesehen wird! So, und hier setzt es ein, mein ehrlich gemeintes Loblied auf unser so gnadenlos schlechtes Fernsehprogramm, und zwar durch alle Kanäle. Ich glaube den Frauen nicht mehr, die immer meine BRIGITTE-Kolumne loben, aber im gleichen Atemzug sagen: «... obwohl ich die BRIGITTE sonst nur manchmal lese.» Aber ich glaube allen, die sagen: «Nö, ich seh schon lange nicht mehr fern.» Früher war dieser Satz schick und intellektuell – man sagte was gegen das Fernsehen und guckte heimlich ja doch Tatort und Sissi, Wechseljahre einer Kaiserin. Inzwischen aber hängt uns das Fernsehen mit seinen ekelhaften Talks und seinem unsäglichen Unterhaltungsquatsch zum Hals heraus, und wir können auch die Bier- und Bindenwerbung einfach nicht mehr sehen, und Nachrichten sind im Radio sowieso besser, weil Radiosprecher noch richtiges Deutsch sprechen können. Also, was macht man an den Abenden, die früher dem Fernsehen gehörten? Man geht aus. Die Kneipen sind voll. Ist der Abend mild, stellt jede Wirtschaft, die auf sich hält, zwei, drei Tischchen und Stühlchen raus. Der griechische Gemüsehändler macht das schon lange: Deutscher Ladenschluß zwingt ihm Ruhe auf, na, da sitzt er dann eben mit seiner Frau und einem Gläschen Wein vor seinem offiziell geschlossenen Laden, aber wenn einer noch ein Pfund Tomaten will, verschwindet er mal eben. Der Rentner aus dem vierten Stock, ohne Balkon, denkt sich, das kann ich auch, nimmt seinen Küchenstuhl und setzt sich unten dazu. Gehen Sie mal in den großen Städten durch die gemischten Wohngegenden – zuerst waren es nur die Ausländer in ihrer Sehnsucht nach südlichen Lebensformen und Kommunikation, die da abends vor den Häusern saßen. Jetzt sieht man schon deutsche Hausfrauen Bohnen schnippeln und ganze Wohngemeinschaften Karten spielen. Das schlechte Fernsehen macht's möglich, danke, ihr Lieben. Und die Ausländer mit ihrer anderen Mentalität machen's möglich, danke auch euch. Und tief drinnen sind wir nämlich alle Südländer: Stellen Sie nur mal beim Umzug ein altes Sofa auf die Straße – es dauert keine fünf Minuten, bis der erste Passant da sitzt, egal, ob Schüler, Penner mit Bierflasche oder müde Oma mit Einkaufsnetz. Unser Sofa stand zwei Tage, immer belagert, dann war es weg – jemand hat es mitgenommen. Vielleicht steht es jetzt in einem anderen Stadtteil und sorgt dafür, daß die Leute wieder miteinander reden. Vielleicht steht es aber auch vor einem Fernseher, und ein Ehepaar sitzt schweigend drauf, angeödet, mit Bier und Nüßchen. Bis auch diese beiden draußen bei uns vor der Tür landen. *20/96*

Der Eindruck trügt

also ...

früher konnte man die Leute noch richtig einschätzen. Der mit der Nickelbrille und den langen, klebrigen Haaren, mit dem sehnsuchtsvollen Blick und der schwarzen Samtjacke – klarer Fall, das war ein Dichter. Der trug bestimmt ein schmales Lyrikbändchen aus dem Selbstverlag in der Tasche und wartete bloß darauf, daß wir uns neben ihn setzen würden – schwupp, mußten wir seine Gedichte hören. Kurzgeschoren hieß rechtsradikal, langhaarig hieß Freak. Millionäre sahen noch wie Millionäre aus und Terroristen wie Terroristen. Das ist lange her, Freunde. Heute tragen die Millionäre Turnschuhe und die Terroristen Samsonite-Koffer, Mütter von drei Kindern sehen aus wie Supermodels, und die Models sind, ungeschminkt, magersüchtige kleine graue Mäuse mit großen Kinderaugen. Gerhardt Polt sieht fast aus wie Franz Josef Strauß und hat doch in seinem Kopf nicht einen einzigen auch nur annähernd straußenartigen Gedanken, und den Bundeskanzler können wir uns besser als Brauereibesitzer oder Kolonialwarenhändler vorstellen, so vertrauenerweckend rund sieht er aus. Herren gehen als Damen, und Damen lassen sich Herrenschnitte schneiden, die Achtzigjährigen tragen kurze Röcke und hohe Absätze und die Fünfzehnjährigen Kampfstiefel und Uniformen. Wer ist noch wer? Wollen, sollen, können und müssen wir etwas tun für diesen stillen jungen Mann in schmuddeligen Jeans, der jeden Abend in unserer Stammkneipe an der äußersten Thekenecke lehnt

und klassische Theaterstücke in Reclam-Heftchen liest?
Ist es ein Dichter, ein Schauspieler, wissen wir einen Job
für ihn? Er sieht sympathisch aus und so müde, so ange-
strengt – wir schicken Robert vor, unseren Menschen-
freund, der spendiert ihm ein Bier und fragt ihn mal so ein
bißchen aus. Als Robert zurückkommt und erzählt,
stimmt unsere Welt nicht mehr – der Mann hat eine
Marktforschungsfirma mit zwanzig Angestellten, ist
steinreich, besitzt drei Häuser in der Innenstadt, hat aber
keine Lust, seinen Beruf noch mit Handy und im Boss-
Anzug abends in seine Freizeit zu tragen, da will er in
Ruhe einen trinken und endlich «Nathan der Weise» lesen. Wir sind fertig. Und dann erzählt uns Karl, der früher
Maoist war und das rote Büchlein an uns alle verkauft hat,
jetzt aber mit einer Plattenfirma ziemlich reich geworden
ist, eine wunderbare Geschichte aus seinem Leben: Kurden haben ihre Parolen auf sein Haus gesprüht. Die Polizei meldete sich: «Sind Sie der Hausbesitzer? Dann erstat-
ten Sie mal Anzeige gegen Unbekannt, wir können dann
zugreifen, wir kennen nämlich den Täterkreis.» Nicht mit
Karl! Die neuen Hausbesitzer sind nicht mehr die alten:
«Die Kurden», sagt er empört, «haben meine volle Solida-
rität, ich bin stolz, daß meine kurdischen Freunde ihre be-
rechtigten Forderungen auf mein Haus schreiben, und mit
euch Bullen und mit Denunzieren will ich nichts zu tun
haben.» Erzählt's, und ein Langhaariger dreht sich um
und sagt: «Ich geb dir gleich Bullen, du Weichei, ich bin
Polizist.» Nichts stimmt mehr! Vorsichtig lächeln wir den
Skinhead an, der da gerade reinkommt. Könnte ja ein netter Kerl sein, trotzdem ...   *21/96*

Küchengeräte u. a.

also . . . nachdem nun auch noch der Dampfkochtopf explodiert und die Brühe bis an die Decke gespritzt war, mußte die Küche wirklich mal renoviert werden. Gute Gelegenheit, die Schränke und Regale richtig gründlich zu durchforsten und auszumisten! Nicht nur, daß es da Tütensuppen mit Haltbarkeitsdatum Juni 1986 gab, sechs angebrochene Flaschen Sojasoße, weil man die eine nie fand, doch endlich ganz hinten hinter den Plastiktüten den so schmerzlich vermißten, einzig wahren, ultimativen Korkenzieher – nein, es tauchten auch die absonderlichsten Küchengeräte auf, bei denen man sich eigentlich nur noch an den Kopf fassen kann. Warum verwahre ich das alles? Weil man es irgendwann wieder brauchen kann? Weil es Geschenke waren? Weil Tante Rosi sagt: «Kind, wenn Krieg kommt, bist du über alles froh, was du hast»? Bin ich, wenn denn Krieg kommt, wirklich froh über sechs potthäßliche braune Steinguttassen, in denen man Zwiebelsuppe überbacken kann? Hat irgendein Mensch in den letzten zwanzig Jahren noch mal überbackene Zwiebelsuppe gegessen? Ach, und das Waffeleisen! Wie gern essen wir Waffeln, aber am liebsten auf Reisen, an kalten Tagen, in der Kneipe, belgische Waffeln mit heißen Kirschen. Mache ich zu Hause Waffeln? Wo ist das Rezept für den Teig? Und Schneckenzangen! Ich habe tatsächlich noch Schneckenzangen und Aluminiumtellerchen mit Vertiefungen für sechs Weinbergschnecken. Und ein Fondue bourguignonne, wo kein Mensch in dieser Familie mehr Fleisch ißt. Was mache ich mit dem Fondue-Set, bestehend aus tausend Einzelteilchen? Nur die Fondue-Gabeln kann ich gut gebrauchen, um den Spargel damit zu pieken, ob er schon weich ist. Für die drei Male im Jahr, an denen ich Spargel koche, habe ich diesen großen Spezialspargel-kochtopf, auch so ein Unfug. Und, liebe Mutter, bitte schnell weiterlesen, der Wok, den ich mir so gewünscht hatte – da steht er nun und staubt ein, denn ein Wok auf einer Elektroplatte hat keinen Sinn, ich nehme immer meine schöne schwere Pfanne, und das funktioniert viel besser. Was finden wir denn da noch? Einen Eierpieker! Wo ich doch in der Tapete direkt am Herd die Stecknadeln zum Eierpieken stecken habe. Und ach, die Apfelschälma-schine! Die ist nun aber wirklich kurios, sie schält Äpfel und schneidet sie in Ringe, die man dann auf der Apfel-ringtrockenmaschine (hab ich! mit vier Einlegeböden, auch für Pilze!) trocknen kann. Wenn ich das alles aus der Küche rausräume, kriege ich drei Fächer frei, weg auch mit den Suppenterrinen, die Suppe kommt aus dem Topf direkt auf den Teller, und basta, weg mit der nicht funk-tionierenden Kaffeemaschine, jetzt wird Tee getrunken! Was soll ich mit der Wurstschneidemaschine, und, grund-guter Himmel, da liegt ein Reisebügeleisen! Wer bügelt denn heute noch auf Reisen? Und übrigens, im Bad habe ich (ich!) einen elektrischen Lockenstab versteckt. Ich sollte das Bad auch mal renovieren und aufräumen. Gibt es da nicht irgendwo noch eine Wimpernzange? Ha! La-chen Sie nicht, schauen Sie lieber bei sich selber nach, ich wette, Sie haben auch Ihre fürchterlich überflüssigen Ge-heimnisse. Da hilft nur: renovieren. *22/96*

Alles Gesunde ist häßlich

also ... warum eigentlich ist alles Gesunde so potthäßlich? Ja, auch ich habe mir im letzten Sommer endlich diese Sandalen mit dem Superspezialfußbett gekauft, ja, sie sind irrsinnig bequem, und ja, sie waren enorm teuer, aber sie sind von einer Häßlichkeit, daß ich sie möglichst nur in Haus und Garten anziehen werde. Die machen jedes Outfit, jede schlanke Silhouette, jede Jeans und jedes Blumenkleid kaputt mit ihren gesunden Sohlen und ihren handfesten, breiten, gut vernähten Riemen mit den dicken Schnallen, die auch Halbblinde ohne Brille verstellen können. Der Verkäufer hat sich alle Mühe gegeben, mir die unförmigen Dinger schönzureden, das anhängende Etikett versicherte: «Sie haben gut gekauft!», und meine Füße signalisieren Wohlbehagen, trotzdem wollte sich schon im Laden dieses kribbelige Konsum- und Kauflustgefühl «Ha! Neue Schuhe!» nicht einstellen. Es kann nicht alles schön sein auf der Welt. Turnschuhe sind in der Regel von Haus aus häßlich, wenn es nicht die einfachste Form des einfarbigen Leinenturnschuhs mit Ösen und weißen Schnürsenkeln ist. Der Klumpenschuh in drei Farben mit Luftpolster, Klettverschluß und reichlich Werbeaufdruck mag fußfreundlicher sein, ist aber scheußlich. Der Jogginganzug ist häßlich, immer. Das gesunde Bett ist häßlich. Und fast alles, was wir im Bioladen kaufen, ist häßlich – die schrumpeligen Äpfelchen, die grauen Möhren, gesund, aber unansehnlich. Was da rotbackig glänzend oder knatschgrün im Supermarkt liegt, ist der Designerapfel, eben die korrigierte Natur. Unser Schönheitsideal ist nun mal nicht das Natürliche – wir schminken uns ja auch bis zum Gehtnichtmehr, und «Unser Dorf soll schöner werden» heißt in der Regel: Weg mit der Natur, Büschen, Bäumen, her mit Betonkästen voller Geranien und Jägerzäunen aus dem Baumarkt. Wie herrlich sehen Weingummi und Geleefrüchte aus! Welche Farben, welche Formen! Ja, ja, ungesund, Chemie, Farbstoffe, bäh. Aber betrachten Sie doch mal unvoreingenommen einen Müsliriegel. Na? Läuft Ihnen das Wasser im Munde zusammen bei dem Anblick? Nein? Dachte ich mir. Wie kann ich ein guter Mensch sein, der umweltfreundliche Dinge kauft, gesunde Kost ißt und nichts tut oder benutzt, was irgendwem irgendwo auf der Welt schadet, und trotzdem chic aussehen, mit Vergnügen essen und leuchtendrote Schuhe tragen? Ich fürchte, streng gesehen ist das schon nicht mehr möglich. Und so ziehe ich meine fußbettfreundlichen Trampelschuhe an, nehme trübselig, aber korrekt meine Jutetasche mit den Einwegflaschen und schlurfe zum Glascontainer. Er (er? Es sind drei, Weißglas, Grünglas, Braunglas!) steht an der schönsten Ecke unter Kastanienbäumen (zusammen mit den Containern für Verpackung, Plastik, Altpapier und Pappe) – gut gedacht, praktisch und umweltfreundlich. Und häßlich, städteverschandelnd und immer von herumfliegendem Müll umgeben. Das Vernünftige und das Schöne – schließt es sich einfach grundsätzlich aus? *23/96*

Rosenverkäufer

also ... da kommt schon wieder einer mit Rosen ins Lokal. Jeden Abend dasselbe Ritual, immer derselbe dunkelhäutige Mann, und nie kauft ihm in dieser Kneipe jemand eine Rose ab. Aber heute ist sein Tag! In der einen Ecke sitzt nämlich ein offensichtlich wichtiger junger Herr mit einer ganz wichtigen jungen Dame, der er unbedingt gefallen möchte. «Ey, was kosten deine Rosen?» bellt er quer durch den Raum, denn, nicht wahr, wir duzen unsere Ausländer ja immer gern. «Fünf Mark das Stück.» – «Hier haste dreißig Mark für zehn», schlägt der junge Herr vor. Der Rosenverkäufer zögert, willigt aber schließlich ein. Die wichtige junge Dame nimmt mit leicht amüsiertem Grinsen ihre zehn Rosen in Empfang und fängt sofort an, ihnen die Blätter auszuzupfen. Der Rosenverkäufer geht weiter. Manfred, Stammgast und Zyniker, sagt wie jeden Abend: «Nö, heute mal nicht.» Lili möchte gerade die ganze Welt umarmen, weil sie frisch verliebt ist, und darum kauft sie für alle am Tisch eine Rose, obwohl wir sie streng auf ihre Schulden hinweisen, aber nein, heute ist das Leben so was von schön! Da sitzen wir nun mit unsern blöden langstieligen Rosen. Zwei Freundinnen am Nebentisch lehnen kopfschüttelnd ab, als der Verkäufer ihnen den nun reduzierten Strauß hinhält, aber jetzt haben sie neuen Gesprächsstoff und diskutieren lange und heftig über das Elend der Tamilen, die Doktoren- und Professorentitel hätten und hier von cabriofahrenden Protzen gezwungen

würden, für teures Geld genmanipulierte Rosen anzubie-
ten, das ganze soziale Elend von Fernost wird gründlich
bedacht. Mindestens fünf Biere lang. Ein Herr, den wir
sonst nicht hier sehen, sitzt in der Ecke mit einer Dame,
die sich sonst auch nicht hierher verirrt. Der Herr tuschelt
mit dem Rosenmann und kauft dann den ganzen rest-
lichen Strauß. Ein Weinkühler voll Wasser kommt auf den
Tisch, die Dame errötet, der Rosenstrauß sieht imposant
aus. Der wichtige junge Mann verlangt sofort auch so
einen Wasserbehälter, obwohl seine Freundin zwei Rosen
bereits die Köpfe abgerissen hat und sie im Mineralwasser
schwimmen läßt. Lili, die natürlich auch noch fünf Mark
Trinkgeld gegeben hat, denn heute soll es auch der Tamile
schön haben, riecht an den von ihr bezahlten Rosen – aber
diese Rosen duften nicht. Trotzdem ist sie glücklich, sie
hat uns allen etwas Gutes getan, und nur darauf kommt es
an, nicht darauf, wie wir gleich bei Regen und Nachtwind
auf dem Rad mit einer langstieligen Rose nach Hause fahren – zwischen die Zähne werden wir sie klemmen müssen. Der Rosenverkäufer aber geht mit vollem Geldbeutel,
leeren Händen und unbewegtem Gesicht weiter. Später
sehen wir ihn gegenüber das Weinlokal betreten mit einem
neuen Strauß langstieliger Rosen, duftlos, wahrscheinlich
genmanipuliert, zu überhöhten Preisen. Diese Rosen
müssen in unendlichen Mengen an geheimnisvollen Orten
deponiert sein, sie gehen nie aus, sind sie doch das Symbol
der Liebe, wie manipuliert auch immer. Zu Hause trocknen wir sie im Regal, bis zum nächsten Großreinemachen.
Noch ein wehmütiger Blick, weißt du noch, das war der
Abend, als Lili … und ab damit in den Papierkorb.

24/96

Namenloses Grauen

also ...

vor einiger Zeit las ich einen Zeitungsartikel zum Ende des Zweiten Weltkriegs. Die Überschrift lautete: «Das Grauen war namenlos.» Mir geht diese Überschrift gar nicht aus dem Kopf. Namenlos? Es war entsetzlich, es war riesig, es war unfaßbar in seinen Ausmaßen, aber so ganz namenlos war es ja wohl doch nicht. Es gibt Menschen, die diesen Krieg, die jeden Krieg, der auf der Welt beginnt, angezettelt haben, die ihn planen und ausführen, sie heißen zum Beispiel Hitler, Saddam Hussein oder Idi Amin. Es gibt Waffenhersteller, Waffenkäufer und Waffenbenutzer. Es gibt Lagerbauer und Lagerkommandanten. All diese Menschen haben Namen. Bertolt Brecht hat gesagt, daß das Verbrechen, jedes Verbrechen, durchaus Namen und Anschrift habe. Entsetzliche Hungersnöte in Afrika – namenloses Grauen? Dahinter steht ja nicht die Unfähigkeit der Menschen, sich zu ernähren, dahinter stehen die Jahrhunderte der Kolonialherrschaft, der Ausbeutung, und dahinter steht auch unser luxuriöses Leben auf Kosten der Ärmsten. Vergewaltigte Frauen, zusammengepferchte Asylanten, geschundene Tiere in Labors und auf Transporten, mißbrauchte Kinder, erschlagene Menschen, das alles hat Täter. Täter heißen zum Beispiel Priebke oder Dutroux. Es gibt Vulkanausbrüche, Erdbeben, Wirbelstürme, Überschwemmungen. Namenloses Entsetzen? Das Ausmaß dieser Schäden ist handgemacht – durch Atomtests, abgeholzte Wälder, begradigte Flüsse, die geschundene Natur, die mit Katastrophen reagiert. Und wieder läßt sich an Namen festmachen, was da geschieht, und sei es nur der Sammelname «Mensch». Wenn wir durch die Fußgängerzonen unserer Städte gehen, sehen wir eilige, tütenschleppende Menschen, satt und mit mürrischen Gesichtern. Ich gehöre auch manchmal dazu, renne und kaufe und verzettele mich in vermeintlichen Wichtigkeiten und denke wahrhaftig nicht Tag für Tag an verhungernde Kinder, gequälte Tiere, an Menschen, die in Gefängnissen für ihre Überzeugungen gepeinigt werden, an Obdachlose und das Elend in der sogenannten Dritten Welt. Niemand denkt dauernd daran, wir haben genug damit zu tun, uns an der Kasse im Supermarkt zu zanken, wer als nächster dran ist. Ich nehme mich da ganz gewiß nicht aus. Aber als ich diese Überschrift in der Zeitung las, wußte ich: So abgestumpft will ich dann doch nicht werden, daß ich mir einreden ließe, das Grauen (welches auch immer) sei namenlos. Das eben ist es genau nicht. Es hat, wie gesagt, fast immer einen Namen und eine Anschrift. Die muß man benennen. Und dann? Dann wissen wir, daß in der Türkei, im Iran, in China Unrecht geschieht und Menschen unterdrückt werden, und wir treiben trotzdem fleißig Handel mit diesen Ländern und pflegen diplomatische Beziehungen. In solchen Fällen trägt das Grauen dann mitunter auch den Namen der eigenen Regierung. *25/96*

Wartezeit

also ...

neulich nachts in Mönchengladbach. Es hätte auch irgendwo anders sein können. Der Zug fuhr um fünf Minuten vor zehn, und um drei Minuten vor zehn war ich am Bahnhof. Pech gehabt – dieser war nun ausnahmsweise mal pünktlich gewesen. Der nächste fuhr um 22.35 Uhr. Zum Glück gab es eine Kneipe, traumschön, wie Bahnhofskneipen nun mal so sind, aber was will man machen an einem eiskalten Regenabend, müde, mit vierzig Minuten Wartezeit. «Wir machen um zehn Uhr zu», bellt der Kellner, kassiert die beiden Penner an der Theke ab und macht mir dann noch einen Tee. Den darf ich in drei Minuten trinken, und dann aber hopp. 22 Uhr in Mönchengladbach. Es ist kalt. Es regnet. In der ganzen Bahnhofshalle nicht eine Bank, kein offenes Geschäft, nicht eine Sitzgelegenheit. Oben auf dem Bahnsteig kein Dach. Auf den Treppen und in allen Ecken Betrunkene, Männer, die pinkeln, zwei, die herumgrölen und mich anpöbeln, ein schlafender Obdachloser unter Zeitungen. Eine Trostlosigkeit, die mir das Herz zuschnürt, für Angst bleibt da kein Platz, diese armen Würstchen haben gar nicht mehr die Kraft, mir noch was zu tun, ich steh da und friere wie sie. Vierzig Minuten sind lang. Ich wandere einmal um den Bahnhof herum, vorn tote Hose Innenstadt, hinten sonderbarerweise ein «Platz der Republik» – wo sind wir hier? Tiefes Dunkel, kein Geschäft, keine Kneipe, nichts. Vierzig Minuten werden noch länger, wenn am Ende die Stationsdurchsage kommt

(Woher? Wo sitzt hier ein Mensch? Wo ist hier noch Leben? Ich sehe niemanden!), daß der Zug, auf den ich warte, zwanzig bis fünfundzwanzig Minuten Verspätung hat. Meine Verzagtheit ist nicht zu beschreiben. Ich friere, ich bin krank, ich hatte einen anstrengenden Tag – ich setze mich auf die Bahnsteigbank in den Regen und heule. Irgendein Bummelzug kommt, der auch in meine Richtung fährt, nur auf Umwegen – ich nehme ihn, nur um hier wegzukommen. Der Zug ist überheizt, dreckig, die Sitze sind aufgeschlitzt. Ich fühle mich unwohl mit dem einen, mich anstierenden Mann im Abteil und suche mir eins mit zwei Frauen, die blaß und müde sind wie ich. Irgendwo auf freier Strecke bleibt dieser ohnehin unendlich langsame Zug lange stehen, um meinen verspäteten IC vorbeizulassen. Da könnte ich jetzt drinsitzen, wenn ich es in Mönchengladbachs Bahnhof nur länger ausgehalten hätte. Was ist los mit dieser verdammten Bahn? Viele Züge, lese ich, haben Verspätung, die Loks sind zu alt und kaputt, es gibt zunehmend Anschläge auf Gleise und Strommasten, und die Zahl der Selbstmörder, die sich vor einen Zug werfen, steigt auch: Mehr als tausend sind es pro Jahr. Das paßt alles zusammen. Diese Bahnhöfe, verdreckt, tot und dunkel, diese verspäteten Züge, die ganze Trostlosigkeit in einem Land, das – so empfinde ich es – an allen Ecken bröckelt. Vielleicht sind es die, die in Mönchengladbach auf den Treppen lagen und saßen, die zu den tausend Toten auf den Schienen gehören, irgendwann. Wer ist zuständig? Antwort, bitte.   *26/96*

Silvester

also ... wissen Sie schon, was Sie Silvester 1999 machen, genauer gefragt, wie und wo und mit wem Sie ins Jahr 2000 hinüberrutschen werden? Es ist nicht nur eine Jahrhundert-, sondern eine Jahrtausendwende – so was will stilgerecht gefeiert sein, wenn auch die ganz Spitzfindigen sagen: Offiziell ist das Jahrtausend erst am 31. 12. 2000 zu Ende. Und dann erst, am 1. 1. 2001, fängt ein neues Jahrtausend an. Geschenkt. Wenn die Zeiger und Kalender umspringen von 1999 auf 2000, dann ist das der magische Augenblick, in dem es kribbelt, in dem sich alles(?) ändert, in dem alles neu und unerhört und aufregend wird, von New York bis Bad Oldesloe. Die Wolkenkratzer-Suiten, heißt es, sind ausgebucht für das Feuerwerk der Superlative. Ich denke, auf den Rheinbrücken wird auch kein Platz mehr frei sein, aber in der Innenstadt von – sagen wir: Dortmund – ist bestimmt noch Platz, um zwischen zwölf verschiedenen Jeansboutiquen zum Himmel zu sehen. Werden alle draußen sein? Alle auf den Balkonen? Auf Kreuzfahrten? In Luxusrestaurants? Der Planungsstreß treibt hochgeborene und wichtige Persönlichkeiten jetzt schon um. Silvester 1999 kann man einfach nicht mit dem Gatten allein zu Hause auf dem Sofa sitzen, möglichst noch in Pantoffeln und vorm Fernseher. Da ist man in Gesellschaft und hat auszusehen wie Scarlett O'Hara, und an einem solchen Abend guckt man auch nicht auf die Preise, und die, Freunde, werden gesalzen sein – außer wir bleiben zu Hause in der Wohnküche mit Sekt aus dem Supermarkt. Ich kenne wirklich Leute, die jetzt schon fix und fertig sind, weil sie nicht wissen, wie sie diesen denkwürdigen Abend verbringen werden und weil sie noch niemand eingeladen hat. Aber weiß man denn, wo man dann wohnen wird? Und mit wem? Heutzutage halten doch die Ehen immer nur so kurz! Wie soll man da planen, buchen, vorbereiten können! Und wenn man gerade an dem Abend eine Erkältung hat oder ein Gipsbein, aber gebucht: Nepal – Silvester auf dem Dach der Welt? Alles Geld hingeblättert für ein Silvestermenü im World Trade Center, und an dem Abend liegt die Liebste im Bett und hat sich beim Mexikaner tags zuvor den Magen verdorben? Und überhaupt, was machen wir mit Mutter? Die kann doch nicht allein im Heim bleiben! Aber sie wird uns das Fest verderben mit ihrer Nörgelei darüber, was das wieder alles kostet. Meine Güte, ist das ein Planungsstreß. Wohin am 31. 12. 1999? Hilfe! Vielleicht nach Neuseeland, wo am 1. 1. 2000 zuerst die Sonne aufgeht? Übrigens streiten sich schon ein paar Vermarktungsfirmen darüber, wer diesen Sonnenaufgang weltweit exklusiv im Fernsehen bringen darf. Wir in Europa könnten dann nämlich die Sonne des neuen Jahrhunderts schon sehen, während wir noch im alten stecken. Grandios. Wie lange besteht die Erde? Viereinhalb Milliarden Jahre oder so. Wurde da eigentlich immer schon so ein Zirkus gemacht um eine bestimmte Wende-Mitternacht? War das von 999 auf 1000 auch so ein weltweites Theater, oder ist das nur wieder moderner Medienschnickschnack? Und hat nicht der weitaus größte Teil der Menschheit auch an diesem Tag hauptsächlich damit zu tun, etwas zu essen zu finden? Wer aber von uns Satten nun gar nicht weiß, wie er dieses schwierige Datum hinter sich bringen soll, der fahre doch zu den Chinesen. Bei denen ist Neujahr erst am 5. Februar. *1/97*

Verzerrte Freude

also . . . bei der Fußball-Europameisterschaft konnte man es sehen, bei den Olympischen Spielen konnte man es sehen, jetzt in der Bundesliga sieht man's und überhaupt immer öfter. Wenn sich jemand freut, weil er ein Tor geschossen hat oder eine Hundertstelsekunde schneller gelaufen oder geschwommen ist als alle anderen, dann ballt er – oder auch sie – die Fäuste, das Gesicht verzerrt sich wie im schlimmsten Haßausbruch, die Zähne werden geradezu gefletscht, die erhobene Faust durchschneidet drohend die Luft. Und mir stockt jedesmal der Atem, denn was ich da sehe, ist nicht Freude, sondern Krieg: Es ist die heruntergefallene Maske des angeblich fairen, fröhlichen Sportlers. Hier sehen wir nur noch Triumph über einen Gegner, über einen Feind. Das verzerrte Gesicht schreit: Ich hab ihn – oder sie – fertiggemacht, ich bin der Sieger in diesem Krieg, der Gegner liegt am Boden. Zeitlupenstudien zeigen uns die abartigen Reaktionen auf Siege, die doch eigentlich Freude hervorrufen sollten, besonders gnadenlos. Ich erinnere mich an den Kapitän der englischen Fußballmannschaft, einen Mister Pearce, so ein haßverzerrtes, böse verkrampftes Gesicht wie bei ihm in Augenblicken angeblicher Freude habe ich noch nie gesehen, es hat mich sehr erschreckt. Dagegen riß der Torwart derselben Mannschaft bei einem guten Griff, einem geschickt verhinderten Tor die Arme hoch, lachte und freute sich – wirklich und sichtbar. Die Olympiaschwimmer und -schwimmerinnen streckten kaum, daß sie angeschlagen hatten, den Kopf furchtsam zur Anzeigetafel, als ginge es um ihr Leben. Und das Gesicht, das dann die Sieger machten, war ein Gesicht, als wäre es wirklich ums Leben gegangen: verzerrt vor Anstrengung, Qual, auch Aggression. Kaum einmal sieht man in den ersten Momenten wirklich Freude, wirklich ein Lachen. Immer die geballte Faust, mit der auf das Wasser oder die Luft eingedroschen wird, und das zeigt, wie weit Sport inzwischen entartet ist – in einer Zeit der heimlichen und unheimlichen Dopings, der immer größeren Rekorde, in einer Zeit, in der Kinder zu Höchstleistungen getrimmt werden und in der die Ehre einer ganzen Nation auf dem Spiel zu stehen scheint, wenn die Maschine Mensch nicht fehlerfrei schwimmt, läuft, springt, turnt, ringt, in einer Zeit, in der nur noch der Sieg zählt und schon lange nicht mehr das Dabeisein, das einfache Mitmachen, in dieser Zeit hat Wettkampffreude gar keinen Stellenwert. Platz 1: Krieg gewonnen, es den anderen gezeigt. Platz 2: maßlose Enttäuschung. Platz 3: bereits Tränen, Niederlage, alles war umsonst. Was soll das? Was muß der Sport da ersetzen, welche Haßgefühle setzt er frei und warum? Warum ist es wichtig, daß ein Tennisstar auch einen Killerinstinkt hat, sind wir hier bei den amerikanischen Marines, oder was ist los? Die schwarzen Athleten, die vor mehr als dreißig Jahren auf den olympischen Siegertreppchen bei der Ehrung die Faust in die Luft streckten, um ihre Zugehörigkeit zum Kampf der Black Panther zu zeigen – die habe ich gut verstanden. Es war ein stiller Protest in einem Augenblick, in dem die Welt auf sie schaute. Aber warum ein Fußballer vor Haß das Gesicht verzerrt und mit den Fäusten auf den Rasen eindrischt, wenn ihm ein Tor gelingt – das muß mir mal jemand erklären. Oder lieber nicht. *2/97*

Bloß keine Gefühle!

also ... wir sind schon eine ganz schön coole und hochnäsige Bande. Da läuft ein so herzzerreißender Film wie «Die Brücken am Fluß», und was tun wir? Ja, wir gehen rein, ja, wir schluchzen, ja, wir können hinterher lange darüber reden, ob es richtig war, daß Meryl Streep bei ihrer Familie geblieben ist oder ob sie nicht doch besser der Stimme des Herzens hätte folgen sollen und mit Clint Eastwood ins Abendrot davonfahren. Wir jedenfalls wären mit Clint Eastwood – na, ist ja auch egal. Jedenfalls, nachdem die Tränen getrocknet sind, nach all dem fragen uns am nächsten Tag irgendwelche Bekannten: «Und, wie war der Film?» Und was sagen wir? «Gott ja, ziemlich rührselig, drückt mächtig auf die Tränendrüsen und so.» Weil wir uns schon wieder schämen, daß uns Gefühle überrumpelt haben. Einige unserer Literaturkritiker machen das zur Masche. Anrührende, bewegende, ja schon allein unterhaltende Bücher sind abzutun als kitschig, seicht, sentimental. Gerade haben wir wieder so einen Fall: «Wie ein einziger Tag» von Nicholas Sparks – das ist eine Liebesgeschichte, die kann man nicht erfinden! Und er hat sie ja auch nicht erfunden, die Großeltern seiner Frau, heißt es, sollen alles genauso erlebt haben. Auch ich sehe, daß dieser Sparks kein Marcel Proust und kein Thomas Mann ist. Er ist einfach ein netter junger Kerl, der ohne Schnörkel liebevoll geradeaus eine schöne, warme Geschichte erzählt, die jeder versteht und in der das, was die Liebe immer so zerbröckeln läßt, nämlich der aufreibende Alltag, einfach ausgespart wird. Nur das Schöne zählt. Das ist ein Roman für Herzensstunden auf dem Sofa an kalten Herbstnachmittagen, süß wie ein Marzipankuchen, aber nicht kitschig. Herrje, wir träumen doch alle von der einen, einzigen, wahren, ewig haltenden großen Liebe – hier ist sie! Aber das darf nicht sein, schleunigst müssen wir über solche Bücher die Nase rümpfen, denn dafür sind wir nun einmal zu cool, zu sachlich, zu aufgeklärt, und Liebe, nicht wahr, ist sowieso Illusion und das Herz nur ein Muskel. Ja, ja. Schon gut. Ich wundere mich nicht über den Erfolg der Kelly-Familie, obwohl ich das, was irgendein Spötter mal über sie sagte, auch finde; es handelt sich um eine Art singende Altkleidersammlung. Aber da stehen sie mit ihren blonden Locken, sind alle miteinander verwandt und haben diese klaren Engelsstimmen – und was passiert? Wir wünschen uns, mit unseren Geschwistern besser auszukommen, wir möchten auch eine große heile Familie haben, in der alles stimmt («auch» ist gut!), wir möchten irgendwo dazugehören, aber es gibt keine große heile Familie, also flüchten wir einzeln in die diversen Quatschbuden der Talkshows und legen unser individuelles Elend bloß. Und danach hören wir Kuschelrock oder Kuschelklassik, immer nur die lieblichen Songs, immer nur die ruhigen zweiten Sätze, nichts Schrilles, keine modernen Neutöner, alles soft und sanft und lieb und weich. Die Seele braucht Sehnsuchtsfutter. Aber wenn sie es kriegt, rufen wir hohnlachend: Bäh, wie kitschig! Nur nicht ertappen lassen bei dem Gefühl, daß uns irgend etwas fehlt. Na, dann laßt euch halt nicht ertappen, und genießt die Kuschelfilme und -bücher trotzdem! *3/97*

Perfect for nobody

schade, daß Sie mich heute morgen nicht sehen. Schade, daß mich heute morgen und überhaupt heute den ganzen Tag vermutlich niemand sieht. Na, vielleicht klingelt ja der Briefträger? Aber ob der dann merkt, was los ist? Nein, merkt der nicht, er ist nämlich immer im Streß und sowieso mehrmals die Woche ein anderer, der ist froh, wenn er seine Runde einigermaßen hinkriegt. Also, wir halten fest: Niemand sieht mich. Nein, ich habe kein neues beeindruckendes Kleid an. Nein, es ist überhaupt nichts Besonderes los. Ich sehe nur einfach heute morgen fabelhaft aus, ja, man muß es in aller Schlichtheit so sagen: fa-bel-haft. Die Augen leuchten, die Haut ist schön klar, die Haare sitzen einfach prima, alles stimmt. Ich habe genug geschlafen, ich fühle mich prächtig, und man sieht es mir an. Ja. Und was mache ich heute? Kolumne schreiben, Wäsche waschen, Bad putzen, allenfalls mit dem Kater zum Impfen fahren. Der Tierarzt schaut nur den Kater an, nie mich, denn so einen gewaltigen Kater kriegt er nur selten auf den Tisch. Es ist also völlig egal, daß ich heute sozusagen mein Jahrhundertgesicht habe, daß ich strahle wie Dornröschen nach dem bewußten Kuß, daß ich blendend aussehe, daß einfach alles stimmt. Wie oft sehne ich mir so ein Gesicht herbei, wie oft stehe ich verzweifelt vor dem Spiegel und denke: Es ging doch mal, es gab doch mal Tage, da hast du großartig ausgesehen, warum denn jetzt diese graue Haut? Dieser matte Blick, diese fusseligen

Haare? Und immer an Tagen, an denen man etwas Besonderes vorhat oder sich auf etwas freut. Das war schon früher so. Die ganze Woche okay, für Lehrer und Mitschüler.
Am Wochenende ein Rendezvous mit IHM, und? Ein
Pickel mitten auf dem Kinn. Abschlußball? Garantiert
kriegte ich genau dann meine Tage und sah entsprechend
aus. Meine Haare sind immer dann besonders widerspen-
stig und spröde, wenn ich besonders schön aussehen will.
Ich kann mich fast schon darauf verlassen: An den Tagen
im Leben, die mir etwas bedeuten, sehe ich aus wie eine
Vogelscheuche. Dann steht mir kein Kleid, dann brechen
die Nägel ab, ich hab rote Flecken im Gesicht und bin
auch in Gesprächen blöde und einfallslos. Ja, später dann
zu Hause, ha, da fallen mir die geistreichen Antworten
schon ein! Aber gewiß nicht auf der Party, wo ich sie hätte
gebrauchen können. Heute also sehe ich aus wie, wie …
nein, nicht so wie Michelle Pfeiffer. Aber immerhin, es ist
keiner dieser Tage, wo man sich für einen kompletten Irr-
tum hält, von Kopf bis Fuß. Ich könnte jetzt in die Stadt
gehen und müßte nicht bei jedem Kaufhausspiegel erschrecken: Das bin doch ich nicht? Aber ich habe keine
Lust, in die Stadt zu gehen. Ich sitze mit meinem perfek-
ten Gesicht allein zu Hause. Ich trinke ein Glas Wein auf
mein Wohl, ich bin zufrieden, nein, ich will nicht mehr so
sein wie Aschenputtels eitle Schwestern, ich will gern
ruhig das unentdeckte, aber wunderschöne Aschenputtel
sein, auch wenn es keiner sieht. Kein Prinz weit und breit.
Doch! Da kommt mein Kater, rollt sich auf meinem
Schoß zusammen, schmalzt mich an und schnurrt: «Du
bist die Schönste.» Wie recht er hat! Danke, Kater.   *4/97*

Geschafft !

früher dachten wir immer, alle schlechten Eigenschaften dieser Welt versammeln sich bei den Männern. Erstens paßte das so gut ins rein feministische Weltbild, und zweitens, diese Kerle hatten und haben ja wirklich jede Menge Dinge drauf, die uns nerven: z. B. kommen sie im Restaurant vom Klo und ziehen sich, während die Tür hinter ihnen zufällt, noch den Reißverschluß an der Hose hoch. Was sagt uns das? Vieles, unter anderem, daß dann Händewaschen wohl auch nicht stattgefunden hat. Männer fahren rücksichtslos mit ihren Autos in unsere gerade gesichtete Parklücke, Männer spucken auf der Straße aus, leeren ihren Aschenbecher mal eben aus dem Fenster, wenn die Ampel Rot hat. Männer schreien die Großraumwagen und die Fußgängerzonen voll mit ihren dämlichen Handys, Männer werfen uns eindeutig ölige Blicke zu und zwingen uns an Tischen in vollbesetzten Kneipen ihre redselige Gegenwart («So allein?») auf. Männer rennen in Jogginganzügen rum und tragen kurze Socken, bei denen man immer ein Stück haarigen Beines sehen muß, und Männer benehmen sich laut, selbstbewußt, rücksichtslos, weil ihnen ja schließlich die Welt größtenteils gehört. Na, Mädels, da haben wir aber mächtig aufgeholt, es geht voran mit der Emanzipation, wenn auch vielleicht nicht so ganz im Sinne der Erfinderin. Auch Frauen haben Handys. Aber Frauen haben oft durchdringend hohe Stimmen, und Frauen können damit in diese Handys keifen, daß uns beim Hotelfrühstück Hören und Essen vergehen. Neulich war so ein Fall – erst rief sie ihren Mann an und putzte ihn herunter, weil er, während sie doch schließlich auf Geschäftsreise war, wieder irgend etwas zu Hause nicht richtig gemacht hatte. Dann rief sie ihre Sekretärin an und pfiff die so zusammen, wie es mit mir kein Mann je gewagt hat. Dann rief sie ihre Mutter an und drohte mit ihrem Besuch am Wochenende. Dann rief sie einen Geschäftspartner an, aber ich weiß nicht mehr, um was es dabei ging, denn hier mochte ich nun keine Minute länger frühstücken und schrieb das auch tückisch ins mir vorgelegte Gästebuch. Wir holen auf mit den schlechten Sitten! Ich sehe Frauen in der Fußgängerzone kräftig ausspucken. Wenn sie im Auto eine Mandarine essen, landen die Schalen mal eben draußen auf der Fahrbahn. Auch Frauen laufen in entwürdigender Freizeitkleidung durch die Innenstädte, sie schminken sich am Tisch und kleben sofort darauf ihren roten Lippenstift auf Tassen und Gläser. Frauen zeigen mir den Vogel beim Überholen und scheren direkt vor mir in meine Parklücke ein und grinsen: «Mußt schon früher aufstehen, blöde Kuh.» Seit Frauen Chefs sind, sind sie so herrisch, wie man eben als Chef ist, und ich warte nur noch darauf, daß die erste vom Klo zurückkommmt und sich noch den Slip hoch- und den Rock runterzieht. Wie schön, wir haben es geschafft, wir sind endlich gleichberechtigt, wir haben nun alle schlechten Manieren und Gewohnheiten der Jungs übernommen. Jetzt können wir mit Teil zwei des Programms beginnen: emanzipiert und trotzdem menschliche Frauen zu sein.   5/97

Vom Geben

neulich auf dem Bahnsteig der U-Bahn sitzt neben mir ein Mann mit völlig abgearbeiteten Händen, er ist müde, döst vor sich hin, hat eine Plastiktüte zwischen den Füßen. Er sieht nicht aus wie jemand, dem es gutgeht. Ein Bettler kommt den Bahnsteig entlang. Ein junger Mann, mager, blaß, wahrscheinlich ein Junkie, der sich ziemlich apathisch wohl sein Geld für den nächsten Schuß zusammenbettelt. Niemand gibt ihm etwas, ich habe es auch nicht vor. Sie sind zu viele, es ist zu offensichtlich, wofür sie das Geld brauchen, man sieht keinen Sinn in dieser Art von Hilfe, man mag nicht mehr. Der abgearbeitete Mann neben mir, angesprochen, schreckt auf. Er sieht dem Bettler ins Gesicht, lächelt ihn an, gräbt in seiner Jackentasche, findet zwei Markstücke, reicht sie ihm. Und ich schäme mich. Der, der von allen hier wahrscheinlich am wenigsten hat – der gibt etwas. Und so ist es immer, ich habe es danach bewußt beobachtet. Niemand geht an Bettlern, Obdachlosen, Junkies, an den zum Betteln mit ihren Kindern geschickten Roma- und Sinti-Frauen, die tagaus, tagein am Bahnhof hocken, stolzer, schneller und arroganter vorbei als die am besten gekleideten, die offensichtlich wohlhabendsten Leute – die Damen im Pelz, die Herren in Kaschmir. Keinen Blick haben sie für die da unten, schon erst recht keine Mark, wir haben unseren Mercedes schließlich auch nicht geschenkt gekriegt, nicht wahr! Aber je abgerissener und ärmer die Passanten sind – junge

Rucksacktouristen oder ältere Frauen, die wirklich sichtbar sparen müssen –, desto bereitwilliger wird stehenge-
blieben, etwas gegeben, auch schon mal nachgefragt, eine
Obdachlosenzeitung gekauft. Immer öfter haben junge
Bettler Hunde, und es sind schöne und gepflegte Hunde.
Den Hunden wird mehr und lieber gegeben als ihnen –
vielleicht haben sie sie deswegen, kann sein, aber Tatsache
ist: Diese Hunde sehen besser aus als die parfümier-
ten Schoßhündchen aufgedonnerter sogenannter Damen.
Und die geben auch dann nichts, denn so weit geht ihre
Tierliebe nun wieder nicht. Reiche Leute geben auch nicht
gern Trinkgelder, aber wer sich nur ab und zu ein schönes
Essen im Restaurant leisten kann, dankt großzügiger der
Bedienung. Es ist wirklich ein merkwürdiger Zusammen-
hang. Wer viel hat, der will behalten, wer eh auf keinen
grünen Zweig kommt, der teilt gern. Waren deshalb die
Studentenfeten in unseren armseligen möblierten Buden
großzügiger und herzlicher als die heutigen Champagner-
partys mit überladenen Tafeln? Ein Schuß Einfachheit,
Mitleid, Bescheidenheit täte uns mal wieder ganz gut. Der
Arbeiter auf dem Bahnsteig hat mir das beigebracht.
Rührselig, oder? Ja. Aber trotzdem wahr.   6/97

Immer essen!

warum müssen wir eigentlich immer und unentwegt und vor allem überall essen? Kann mir das endlich mal jemand beantworten? Nein, ich meine jetzt nicht unseren Kanzler, obwohl ich sein Erscheinungsbild nachgerade peinlich finde – ein bißchen weniger dürfte es schon sein, aber nun gut, er muß es selbst wissen, welchen Eindruck er in der Welt (und ihren zarten Sesselchen) hinterläßt. Er fragt mich ja sonst auch nicht nach meiner Meinung, warum sollte er es hier tun. Ich meine auch nicht meine dicke Freundin Beate (Name wegen Gefahr der Freundschaftsaufkündigung geändert!), die an drei Weihnachtstagen täglich zwei Menüs (mittags und abends) mit je drei Gängen kocht («Hmm, komm doch morgen abend, da gibt es Rehrücken mit Preiselbeeren, oder willst du lieber übermorgen mittag kommen, da gibt es Gans mit Maroni?»). Ich frage sie nicht, warum sie das tut. Sie tut es, es macht ihr Spaß, und wer sagt denn, daß Platzen kein schöner Tod sei? Was ich meine, ist schon nicht mehr das unentwegte Gefresse und Geknabbere und Geraschele und Geknistere in den Kinos – ich trau mich nicht, dagegen etwas zu sagen, es hat sich weltweit hartnäckig eingebürgert: Man geht ins Kino, um zu essen, die Industrie stellt sich darauf ein, in Kinovorräumen sind ganze Lebensmittelabteilungen und Popcorn-Röstereien aufgebaut. Es ist bitter, einen poetischen, leisen Film zu sehen und die Dialoge nicht mitzukriegen, weil die Chips überall krachen – es ist bitter, aber ich kann damit leben und gehe vorzugsweise mittags ins Kino, da ist genug Platz, um sich weit weg zu setzen. Warum aber müssen Kinder auch im Theater futtern? Nur eine Stunde dauert das Theaterstück vom – zugegeben! – dicken Schwein, das dünner werden wollte, eine zauberhafte, auch durchaus poetische Produktion, die in Köln läuft. Die Kinder konzentrieren sich wohl aufs Geschehen da vorn, aber sie müssen dabei unentwegt essen. Sie haben Kartoffelchips und Gummibärchen, Fritten und Eis und Lakritz dabei, und es wird geschmatzt, geknistert, die Tüte hin- und hergereicht, daß es ein Grausen ist. Warum erlauben Eltern das? Sie ziehen hier die Sprößlinge groß, die dann in zehn Jahren in «Don Giovanni» sitzen, mit Freizeitanzug und Turnschuhen, einen Hamburger in der Hand, und sie hören zu, doch, ja, durchaus mit Interesse, aber man kann ja dabei auch so schön essen. Ich denke, das ist ein Auswuchs der Fernsehkultur. Vorm Fernseher essen wir alle. In italienischen Familien ländlicher Gegend ist eine Mahlzeit ohne laufenden Fernseher undenkbar, niemand guckt direkt hin, außer es kommt Fußball oder was Nacktes – aber die Geräuschkulisse ist wichtig fürs gedämpft ablaufende Familienleben. Und wir: Kaum fängt der Fernsehabend an, dann haben wir sie auch schon da, die Chipsies und Knusperflöckchen und Zückerchen und Kekschen. Und in der Werbung sehen wir mindestens zehnmal am Abend, wie wichtig der Happen für den kleinen Hunger zwischendurch ist. Ich gehe nachher ins Kino. Bei uns gibt es heute Frikadellen. Die pack ich mir ein und esse sie dann, zu diesem Film über Taubstumme, paßt doch prima. *7/97*

also . . . von mir weiß man, daß ich Berlin nicht ausstehen kann, und natürlich ist das eine lange persönliche Geschichte, und natürlich ist das auch nicht so ganz wahr. Aber die Kriterien, warum wir eine Stadt mögen und die andere nicht, sind sowieso mehr als sonderbar – schließlich, wie spricht der Dichter F. K. Waechter: «Blöde gibt es viele / am Rhein und auch am Nile», will sagen: Überall sind nette und weniger nette Menschen, überall sind langweilige und gute Lokale, schöne und schreckliche Geschäfte, angenehme und scheußliche Wohngegenden. Es ist Ansichtssache, mehr als das: Es ist Erlebenssache. Da konnte Klaus Frankfurt nie leiden (wer kann schon Frankfurt leiden); lieber wäre er ja wohl tot, als in Frankfurt leben zu müssen – und nun muß er für einige Zeit ausgerechnet in Frankfurt leben. Neulich trafen wir uns alle in München im Biergarten, und was sagt Klaus? «Frankfurt», sagt er, «ist einfach toll. Da kommt ein nackter Mann nur mit einem Täschchen in ein Gartenlokal und wird anständig bedient, und keiner motzt ihn an! Das hätte ich mal in München sehen wollen, da wäre doch sofort die Polizei gekommen!» – «Ach», blafft Peter, «erinnerst du dich vielleicht noch an die gute Arbeit, die die Polizei mit ihren Knüppeln auf unseren Köpfen geleistet hat, als wir gegen den Ausbau der Startbahn West demonstrierten? Das war dein Frankfurt, mein Lieber. Nein, für mich kommt nur München in Frage.» – «München!» schreit Monika, «das ist doch seit Olympia damals kaputt, verbaut, schickimicki und so reaktionär, daß es knallt!» – «Reaktionär», sage ich, «ist nur Berlin, ihr müßt euch da bloß mal die Taxifahrer angucken, alles verkappte Nazis.» – «So ein Quatsch», sagt Hans, «gerade in Berlin sind die Leute aufgeschlossen und offen, ich hab da neulich einen Taxifahrer …» Und dann kommt eine lange Geschichte von einem grundguten Taxifahrer, ohne den Hans sich nie zurechtgefunden hätte und der ihm Berlin für immer sympathisch gemacht hat. Ich bin sicher, daß es über Bad Oldesloe, Winsen an der Luhe oder Osnabrück ähnlich ergreifende Geschichten gibt, und es soll Menschen geben, die in Karlsruhe, Dortmund oder Düsseldorf leben und glücklich sind, wohingegen sie in einer Kölner Kneipe den Namen «Düsseldorf» nur aussprechen müssen, um Lokalverbot zu riskieren. Und so geht's weiter – vom subjektiven Stadt- zum subjektiven Landempfinden. Barbara möchte unbedingt in Costa Rica leben, weil da die Menschen so freundlich sind, aber José kellnert in Nürnberg, damit er als Schwuler im freundlichen Costa Rica nicht in den Knast muß. Nur in Amerika wohnt die Freiheit! Ja, mit Todesstrafe und Rassenhaß. Aber niemals war Gerd so frei und glücklich wie in Amerika, und Maria will nach Südafrika, das ist das schönste Land der Welt. Für Anita ist das aber Schweden und für Bernd Niederbayern. Wolfgang war glücklich in Lissabon, aber Irene fand Lissabon arm und schrecklich. Und überall stank es nach Fisch. Wolfgang liebt Fisch, aber Irene hat eine Fischallergie! Und so geht der Nachmittag im Biergarten herum, und am Ende steht eigentlich nur eines unumstößlich fest: Münchener Biergärten, sie sind wirklich weltweit unerreicht. Prost!   *8/97*

Menschen an Briefkästen

also ... haben Sie schon mal Menschen an Briefkästen beobachtet? Da gibt es sehr verschiedene Verhaltensweisen – jemand kommt forsch heran, die Hand voll Büropost, schwupp, rein damit und Feierabend. Dann kommt die alte Frau mit einem einzigen Brief, an dem sie den ganzen Nachmittag geschrieben hat. Sie prüft noch mal: Hat sie nichts vergessen? Stimmt die Adresse, ist auch die Postleitzahl drauf? Und ist alles richtig frankiert? Sie wirft ihren Brief ein und schaut durch den Schlitz, ob er auch wirklich unten angelangt ist. Auch unseren Liebesbriefen sehen und lauschen wir nach – fallen sie weich? Sind sie nicht irgendwo verkeilt und verklemmt? Wir fassen noch mal mit der Hand durch den Briefkastenschlitz: Ist der Kasten auch nicht zu voll, so daß der Liebesbrief womöglich obendrauf liegt, und irgendwer – schrecklicher Gedanke! – könnte ihn herausziehen und lesen? Vielleicht haben Sie auch schon schlimme Morgenstunden frierend neben einem Briefkasten verbracht, so wie ich, nur um einen in der Nacht geschriebenen, zornig noch sofort eingeworfenen, inzwischen längst bereuten Brief wieder zurückzubekommen? Der Briefkastenentleerer schätzt dergleichen nicht, eigentlich, so sagt er mit gerunzelter Stirn, darf er das auch nicht, einen Brief, der schon im Kasten liegt, an irgendwen herausgeben – aber wir haben ja die halbe Nacht wach gelegen, um all das zu bedenken, und da haben wir schon bei uns den Personalausweis, die Schriftprobe, den Beweis, der Absender zu sein, und wir rühren den pflichtbewußten Mann, verfroren, ungeduscht und mit heißen Tränen – da, da ist der Brief, dieser längliche blaue! Er gibt ihn zurück, und das ist gerade noch mal gutgegangen, sonst hätte es wie bei Madame Bovary oder Anna Karenina eine Tragödie gegeben, wie sie die Welt noch nicht gesehen hat … na ja, oder so ähnlich … Wehe, man schreibt schön mit Tinte, und dann regnet es! Unter dem Mantel trägt man den Brief geschützt bis zum Kasten, wischt Tropfen vom blödsinnig konstruierten Schlitzdekkel weg, wirft den Brief vorsichtig ein, damit nichts verwischt. Es gibt so viele Arten, einen Brief wegzubringen! Diese aufregende Freude, wenn man ein Manuskript wegschickt und hofft, es möge gelungen sein, dieser Triumph, wenn man den Brief, vor dem man sich so lange drückte, endlich geschrieben hat und einwirft, und ach, dieses stolze Auftrumpfen, wenn man der Polizei einen Strafzettel zurückschickt, mit Kommentaren reich gewürzt, warum man den hier nun wirklich nicht gewillt ist zu zahlen … sinnlos, sie kriegen dich ja doch. Es ist schön, in einem Café zu sitzen, das Blick auf einen Briefkasten hat. Man erlebt ganze Geschichten und kann sich allein an der Art, wie da wer was einwirft, zusammenreimen, was geschrieben wurde. Wer es besonders wichtig hat mit seinem Brief, studiert vor dem Einwerfen lange die Leerungszeiten. Wer es noch wichtiger hat, wirft danach nicht ein, sondern geht weiter zum nächsten Briefkasten, der laut Mitteilung fünf Stunden früher dran ist. Und wer es ganz wichtig hat, haut nach dem Einwerfen flott oben auf den Kasten – na, Brief, dann man los, nun mach mal! *9/97* also ...

der Henkel von der Lieblingstasse ist abgebrochen? Kein Problem. Wir haben ja den herrlichen Wunderkleber, bzw. wir haben in der Bastelschublade sechs Tuben mit Wunderkleber, für jedes Material eine. Nun ist aber die für Porzellan selbst so verklebt, daß sie nicht mehr aufzuschrauben ist. Nehmen wir den Schnellkleber für Glas und Keramik. Wie angegeben, säubern wir die zu klebenden Flächen, spülen gut ab, legen die Teile zum Trocknen auf die Heizung. Die Gebrauchsanweisung ist sehr klein geschrieben, aber mit der stärksten Brille dann doch zu entziffern, also an die Arbeit: die zu verklebenden Teile dünn mit dem Klebstoff bestreichen, einige Sekunden fest zusammenpressen und fertig. Ja. Fertig. Die Finger kleben mit dran. Als ich sie dann loskriege, habe ich den Henkel am klebrigen Daumen statt an der Tasse. Das war wohl nichts. Nächstes Abenteuer: neue Gläser spülen. Um die Etiketten abzukriegen, weichen wir die Gläser ein, und siehe da, sie lösen sich! Nur bleibt auf den Gläsern ein Klebstofffleck (drei f! Auch ohne Rechtschreibreform!) zurück, der aber leicht mit dem eigens dafür erfundenen Stift ab – oh, nicht. Aha. Der Stift ist eingetrocknet. Nagellackentferner hab ich nicht, wo kein Nagellack, da auch kein Entferner. Aber mit Feuerzeugbenzin geht es schließlich. Sehr schön ist auch das Anbringen von superfest sitzenden Klebehaken an sorgfältig dafür gereinigten Badezimmerfliesen. Zack, nach spätestens zwei Stunden

liegen Haken und Handtuch auf dem Boden, der Klebe-
film aber haftet für die nächsten zehn Jahre an den Fliesen.
Was schließen wir daraus? Daß das, was fest und sicher
und sofort kleben soll, eben nicht klebt, aber da, wo nichts
kleben soll, klebt es ewig. Das sind die kleinen Leiden, die
uns Hausfrauen vor der Zeit altern lassen. «Was tust du
den ganzen Tag?» fragt der liebende Gatte abends. Oh,
Schatz, ich klebe und entferne Klebendes, aber das wirst
du jetzt so schnell nicht verstehen, und vor allem packe ich
Dosenöffner, Schrauben und Küchenmesser aus Vakuum-
verpackungen, wozu ich Nagelfeilen, spitze Scheren und
andere Werkzeuge brauche, denn was die Industrie einmal
verschweißt hat – warum tut sie das eigentlich? –, das sitzt.
So ist man den Tag hindurch beschäftigt. Sehr schön ist
auch das Heraustrennen von fest vernähten Etiketten aus
Unterwäsche und Pullovern, aber wenn man es nicht
macht, führt man wahre Kratz-Eiertänze auf, weil alles so
juckt. Und wenn man es nicht richtig macht, hat man
schon das erste Loch im Pullover. Ich behaupte ja immer,
daß es nicht die großen Katastrophen sind, die uns das
Herz brechen. Nein, wir zerbröseln so langsam vor uns
hin am Alltagsschrecken, an Suppentüten, die nicht aufzu-
reißen sind, an Milchdosen mit verstopften Löchern, an
Staubsaugern, deren Kabel sich eben nicht aufrollt (mein
altes Lieblingsthema), an neuen Handtüchern, die auch
nach dem Waschen noch nicht abtrocknen, und an Haus-
haltsfolie, die nie an der gewünschten Stelle reißt, sondern
sich zu kleinen Klumpen verklebt. Da sitzen wir und
schluchzen, ziehen dann tapfer die neuen roten Schuhe an
und gehen einmal um den Block, frische Luft schnappen.
Unter den Schuhen kleben die unablösbaren Preisschil-
der.   *10/97*

Fremde Autos

also . . . das fürchte ich immer, wenn mein Auto nicht fährt und eine Freundin sagt: «Kein Problem, nimm doch meins.» Kein Problem? Grundguter Himmel, nichts ist so problematisch wie ein fremdes Auto. Unsere Innenraumdesigner toben sich ja an immer neuen Hebeln, Knöpfen und Bedienungsideen aus, als gelte es, Überraschungseier zu kreieren. Also, zuerst versuche ich, den Leerlauf einzulegen. Das kann schon schiefgehen, weil da der Rückwärtsgang ist. (Sagen Sie jetzt bloß nicht: Frauen und Technik! Männern passiert das genauso.) Wo ich das Licht vermute, setzt sich der Scheibenwischer in Bewegung, als ich ihn etwas hektisch ausschalten will, hupt es. Das Fernlicht finde ich nicht, aber dafür heizt sich jetzt die Heckscheibe auf, auch schön. Wenn ich den Sitz nach vorn stellen will, klappt die Rückenlehne weg, und will ich den Außenspiegel verstellen, betätige ich anscheinend den elektrischen Fensterheber und sitze nun im Freien, denn welcher Knopf war das noch mal? Nicht mehr zu finden. Irgendwann steckt der Schlüssel, ich kann losfahren, Gas und Bremse sind zum Glück immer zumindest ähnlich angeordnet, wenn sie auch unterschiedlich reagieren – wo ich bei meinem Auto dreimal auf die Bremse tippen muß, steht diese Karre schon wie ein Felsblock bei der ersten Berührung. Wo macht man bloß das Heizungsgebläse aus? Statt dessen hätte ich lieber das Radio an, aber ich finde den entsprechenden Knopf nicht, und als ich ihn finde, ist nur Senderdurchlauf, wie stellt man das still? Ich kann mich nicht drum kümmern, denn ich muß ja fahren und mir überlegen, wo der dritte Gang wohl ist und ob das der Blinker ...? Falsch, jetzt spritzt Wasser auf die Scheiben, und ich sehe nichts mehr. Ach, war das früher schön, als wir links am Steuerrad einen Hebel nur fürs Blinken und Auf- und Abblenden hatten! Jetzt haben wir den Multifunktionsbordcomputer und wollen doch einfach nur geradeaus fahren ... Jeder Autotausch wird zum Abenteuer, und wenn das Schiebedach einmal offen ist, geht es nie wieder zu, weil man den Knopf nicht ... doch! Da ist er! Falsch, das war der Einsteller für die Tageskilometer. Aber das Allerschönste wartet erst noch auf uns. Wir sind tatsächlich angekommen, mit Gebläse, offenem Fenster, ohne Fernlicht, dafür mit gereinigten Scheiben und Innenlicht. Aufatmen. Motor abstellen. Fenster schließen. Aussteigen. Aussteigen. Aussteigen. Aussteigen! Aussteigen? Wie denn? Wo denn? Das ist doch die Tür, oder? Ja, aber wo ist der Griff? Gibt es keine Klinke? Nein, es gibt keine Klinke. Es beginnt ein zermürbendes Suchspiel. Ein Häkchen? Nein, das war die Zentralverriegelung. Da, der Knopf? Falsch, das Fenster geht runter ... Diese kleine Scheibe? Nein, das war der Aschenbecher. Wo mag der Türöffner sein? Oh, da unten, ganz versteckt unter dem Griff, dieses ... – huch! Nun habe ich die Liegesitzvorrichtung ausgelöst. Es soll Menschen geben, die in geliehenen Autos übernachtet haben, weil die Tür nicht zu öffnen war. Ich warte auf das ganz moderne Auto mit nur noch Bordcomputern, dafür ohne Lenkrad. Wir legen uns hin, geben das Ziel ein, und die Kiste fährt, blinkt, hupt und parkt ein. Nur zum Aussteigen brauchen wir dann noch eine Hilfe.   *11/97*

Kreativer feiern

also ... wissen Sie was? Alles Elend kommt nur daher, daß wir so bequem sind. Wir langweilen uns, weil wir nichts zu tun haben, und damit meine ich jetzt nicht das wirklich ernste Problem der Arbeitslosigkeit, sondern die etwas verwöhnten Leute, die schon alles haben und in ihrer Freizeit verzweifelt mit Schlägern und Bällen gegen Wände hauen (man nennt es wohl Squash?), damit die Zeit rumgeht. Für Kinder gilt das besonders. Die Kinderzimmer sind voll mit Plüschtieren und Eisenbahnen, Bilderbüchern, Technospielzeug, Computern, und was tut das Kind? Sitzt mittendrin und langweilt sich oder sitzt gleich vor dem Fernseher und glotzt. Und dabei kann man das mit Kleinigkeiten, mit einem Anstoß zu eigenen Ideen ändern, ohne daß man gleich zum Animateur wird wie diese braungebrannten Jungs, die uns im Urlaub so gern sagen, wo es langgeht. «Jetzt springen wir alle mit voller Montur ins Wasser!» Na, das ist aber ein Spaß ... Also, Beispiele. Ich war auf einer Hochzeit eingeladen, mit langem Festmahl, und elf Kinder quengelten da herum, zerrten an ihren Müttern, waren unleidlich, spielten sich auf, um beachtet zu werden, heulten, störten jedes Gespräch. Keiner kam auf die Idee, diese Kinder irgendwie zu beschäftigen, und daß sie es große Klasse finden, drei Stunden an einem weißgedeckten Tisch zu sitzen, an dem auch noch Reden gehalten werden («Pst, Patrick, still sein!»), das kann man ja wohl wirklich nicht erwarten. Wenn ich früher zu so was mitgenommen wurde, hatte meine Mutter einen kleinen Karton mit Knöpfen dabei. Schon saß ich in irgendeiner Ecke, sortierte meine Knöpfe, legte Gesichter daraus und war das liebste (na, zweitliebste) Kind der Welt. Daran habe ich mich erinnert bei dieser unseligen Hochzeit. «Kinder», habe ich dem Anführer zugeraunt, «ihr geht jetzt mal nachgucken, wie viele von den Männern kurze und wie viele lange Socken anhaben.» Schwupp – elf Kinder verschwanden unter dem Tisch. Anfängliches Befremden – «Mach dich nicht schmutzig, Melanie!», «Hu, wer krabbelt denn da an meinem Bein?» –, aber dann große Erleichterung: Sie waren still. Herrlich. Block und Bleistift wurden besorgt und Listen erstellt: Wie viele Frauen trugen Ohrringe? Wie viele Ringe gab es im ganzen Raum? Wer hatte was Blaues an? Kurzum, die Kinder waren mit Statistik beschäftigt, wir konnten feiern. Oder unsere Partys – das sieht doch oft so aus, daß wir alle mit einem Glas in der Hand herumstehen, mit denen reden, die wir eh schon kennen, uns dabei ein bißchen langweilen, und am nächsten Tag heißt es: «Wer war denn nun dieser Maler?» «Deine Freundin Helga war aber nicht da, oder? Ach doch? Die hätte ich gern mal kennengelert.» Läßt sich machen: Jeder, so hieß das Motto zum letzten Geburtstag, trägt statt eines Geschenks irgendwas vor – ein Lied, ein Gedicht, eine Rede, etwas am Klavier, auf der Blockflöte, auf der Geige. Es war mein schönster Geburtstag. Und alle kannten sich gründlich, als es vorbei war, hatten miteinander gelacht, gelitten, applaudiert. Und nur einer war betrunken, man mußte viel zuviel aufpassen auf die Kunst. Was lernen wir daraus? Es fehlt nur an Initiativen. Alles andere ist da. Also, los. *12/97*

Anrufbeantworter

also ... wie habe ich mich damals, als sie in Mode kamen, über angeblich seelenlose Anrufbeantworter aufgeregt! Überall piepsten diese blöden Maschinen und überrumpelten den Anrufer damit, daß er nun sein Anliegen präzise formulieren mußte, oder es wurden einem unzumutbare Mitteilungen ins Ohr gesagt – «Ich bin jetzt bei Kathrin, aber nur eine halbe Stunde, dann kannst du mich unter 23096 erreichen, bis etwa 20 Uhr, dann bin ich beim Mexikaner». Geschäumt habe ich vor Wut über solche Zumutungen. Und heute – wie froh bin ich, daß es Anrufbeantworter gibt! Ich will etwas absagen, einen Auftrag, eine Einladung zur Party, einen versprochenen Besuch – wie rede ich mich bloß raus, was tu ich, daß ich mich nicht doch wieder beschwatzen und rumkriegen lasse? Mut antrinken, eine Nervenruh-Pille essen (die mit den Schäfchen), tapfer wählen und – oh, dieses Glück! Hier spricht der Apparat! Es ist kein Widerwort, kein Klageton, keine Überredungskunst, kein Vorwurf zu erwarten, und auch die Absage bzw. Rechtfertigung kann kurz und knapp gehalten werden: «Ich bin's, ich wollte nur sagen, ich kann leider nicht ...» Herrlich. Aufgelegt und schnell selbst auf Anrufbeantworter geschaltet, ehe der Rückruf kommt. «Bist du da? Hör mal, du kommst nicht? Das geht aber nicht, weil ...» Pah! Es geht eben doch, eben weil. Gelobt sei der Anrufbeantworter. Überhaupt, fällt Ihnen auch manchmal auf, wie gewunden und geschnörkelt und umständlich die Menschen

sich am Telefon ausdrücken? Da müssen wir uns ellen-
lange komplizierte Leidensgeschichten anhören, während
wir auf glühenden Kohlen stehen, nein, das ist alles viel
leichter, wenn nur das Maschinchen piept, ein Anliegen
knapp formuliert werden muß, und man hat seine Ruhe
und kann selbst entscheiden, wann man zurückruft und
ob überhaupt. «Mein Anrufbeantworter ist kaputt, er
eiert so, man versteht nichts, das Band war leider voll...» –
schönere Entschuldigungen gibt es doch nicht. Oder diese
Genugtuung, wenn man gerade gemütlich sitzt und «Columbo» guckt – da ruft doch tatsächlich Renate an, ausgerechnet Renate! Drei Minuten kann man auf mein Band
sprechen, und sie spricht drei Minuten. «... und dann hab
ich zu Horst gesagt, daß ich mir das länger nicht bieten
lasse, und weißt du, was er geantwortet hat? Du glaubst es
nicht, aber er hat doch tatsächlich gesagt...» Ich glaub es
sofort, aber ich muß es wenigstens nicht kommentieren
und kann nach drei Minuten wieder in Ruhe weiterhören,
was Columbo sagt, und das ist einem halbstündigen Tele-
fonat über Renates Familie einfach vorzuziehen. Ja, vielleicht werden wir durch diese Maschinen ein wenig
gemein. Aber auch ein bißchen glücklicher – falsche Gespräche zur falschen Zeit machen böse Gefühle, da ist es
doch besser, erst mal nur mit dem Apparat zu reden und
den Menschen in eine gute Verfassung zu bringen, ehe
er antwortet. Kann man nicht die Anrufbeantworter
so schalten, daß sie selbständig ganze Gespräche miteinander führen und Termine abhandeln, ohne daß man sich
überhaupt noch melden muß? Zehn Jahre Freundschaft
mit Renate nur via Anrufbeantworter! Herrlicher Gedanke. *13/97*

Bildungssurfen

dies sieht jetzt aus wie eine Geschichte von Klugheit und Dummheit, es ist aber eine Geschichte von Bildung und Unbildung, und das ist ein Unterschied. Denn man kann sehr wohl klug sein – bringt einem aber niemand (sprich: Schule, Elternhaus) ausreichend bei, dieses Potential im Hirn auch mit Wissen zu füllen, ja, was nützt es dann, im Internet surfen zu können? Gar nichts. Das Netz ist nämlich kein Netz, es bleiben Löcher, und wenn man per Mausklick auf «Goethe, Faust» kommt, dann weiß man noch lange nicht, wer oder was Faust ist, in welchem literarischen oder geistesgeschichtlichen Kontext das Werk steht, daß Mephisto etwas mit Faust zu tun hat, daß Klaus Maria Brandauer zwar Mephisto ist, aber eben doch nicht wirklich – kurzum: Man kann das Internet noch so durchsurfen, wenn eine gewisse solide Grundbildung fehlt – und die fehlt jungen Leuten heute in geradezu erschreckendem Ausmaß –, dann kommt man bei der ganzen Klickerei letztlich nirgends an, und es ist so wie damals bei Onkel Hans, der sein Leben lang Kreuzworträtsel löste – da war auch Lebensbund immer = Ehe und Papstname immer = Leo, und neues Wissen kam garantiert nie dazu. Man ist spezialisiert heute, man kennt sein Gebiet, das gründlich, und rechts und links davon gähnt Abgrund. Es werden keine Filme mehr im Kopf ausgelöst bei bestimmten Informationen, es finden keine Zuordnungen statt, und der Zutritt zum Internet heißt eben nicht: Ich werde

mehr wissen, sondern: Ich habe nun noch mehr Einzel-
stücke von einem Puzzle, das sich aber niemals zu einem
Bild zusammenfügt. So, und das beweisen wir jetzt direkt
mal wieder an einem schönen Beispiel. In der Firma eines
Freundes mit zwanzig zumeist sehr jungen Mitarbeitern –
durchweg fabelhafte Computerspezialisten – werden mittags von der «Pizzeria Roma» in grauen Kartons diverse
Pizzen geliefert. Auf den Kartons die groben Umrisse von
Europa, eingezeichnet nur ein einziger Punkt, eben Rom.
Unser Freund fragt so aus Jux seine Mitarbeiter: Könntet
ihr die anderen europäischen Hauptstädte einzeichnen?
Keiner konnte es. Und wenn Sie mir das jetzt nicht glauben, dann muß ich damit leben, aber wahr ist es doch. Immerhin wußte man einige Hauptstädte – London zum
Beispiel. Ganz England, Schottland, Irland und Island da
oben gleich noch mit wurde zum Umfeld von London.
Skandinavien ließ sich auch nicht mehr in Einzelländer
unterteilen, ist das nicht alles da oben irgendwie Schweden
mit Stockholm? Unten links: Spanien, und die Hauptstadt
von Spanien – äh – äh – Portugal, oder? Aber fast ganz
Spanien fiel sowieso Frankreich zum Opfer, mitten drin
Paris. Und dann rechts unten – nein, da kannte sich nun
niemand mehr aus, Albanien, Ungarn, Rumänien, Bulga-
rien, wo soll denn das sein, um Himmels willen, und die
haben Hauptstädte? Keine Ahnung. Mit der Literatur, der
Malerei, der Politik ist es genauso. Hier ein Häppchen, da
ein Häppchen, aber nicht ein einziges Jahrhundert mani-
festiert sich in den meisten Köpfen zu einer bestimmten
Epoche mit bestimmten künstlerischen Ausdrucksfor-
men. Mich kann der ganze Internetkram nicht mehr be-
eindrucken als ein tolles Auto von jemandem, der keinen
Führerschein hat. *14/97*

Über den Mond

also . . . heute schneide ich dir aber nicht gern die Haare,
sagt eine Freundin, die das sonst alle paar Wochen
ohne Murren tut. Warum nicht? frage ich, und sie
sagt: Weil zunehmender Mond ist, und deine dünnen Haare schneidet man besser bei abnehmendem
Mond. Und außerdem, sagt sie noch, muß ich heute
in den Garten, denn bei zunehmendem Mond muß
man alles pflanzen, was über der Erde wächst, und ich
muß ein paar Stauden umsetzen. Ich rufe eine andere
Freundin an und frage: Ist sie jetzt wahnsinnig geworden?
Nein, sagt die andere Freundin, aber du hast mal wieder
keine Ahnung, ich sitz hier nämlich gerade und büffle für
mein Examen, so was kann man auch nur bei zunehmendem Mond machen. Und natürlich hat Mutter gleich so
ein Buch über die Mondphasen auf dem Nachttisch liegen,
und da steht nun auch genau drin, wann man sich die Fingernägel schneidet, wann man sich besser verlieben sollte
und wann eher nicht (na klar, ich schau immer erst zum
Mond hoch, ehe ich «ja» oder «nein» fühle!) und daß bei
abnehmendem Mond eingemachte Marmeladen leichter
schimmeln. Und für mich war der Mond mal die romantische Kugel, der bleiche Geselle, der stille Freund, die
Droge der Dichter in «mondbeglänzter Zaubernacht»,
Freund der Liebenden und der verzückten Seelen, Mond,
du gütiges Gestirn, das die Wölfe und die Hunde anheu-
len, Mond, der du so stark bist, daß du den Meeren Ebbe
und Flut bescherst und mir schlaflose Nächte. Ja, gut,

warum soll jemand, der das alles kann, nicht auch für das Verschimmeln der Marmelade und den Sitz meiner Haare verantwortlich sein? Der Mond ist in fast allen Sprachen außer der unseren weiblich, und weibliche Eigenschaften werden ihm zugeordnet – er ist Symbol für die passive, reflektierende Seite im Menschen, fürs Unbewußte, für die dunklen, verborgenen Seiten der Seele. Der weibliche Zyklus dauert ähnlich lange wie ein Mondzyklus – 28 Tage. Aber all das denke ich nicht, wenn ich ihn silbern da oben stehen sehe. Ich denke auch nicht daran, daß er 384 400 km von uns entfernt ist, keine Atmosphäre, aber eine Menge Krater hat. Ich denke: Da oben waren sie, Armstrong und Aldrin, und sie haben mächtig gut vorbereitete Sprüche geklopft vom kleinen Schritt für den Menschen, der aber ein großer für die Menschheit sei. Warum eigentlich? Sie haben die Schönheit unserer blauen Erdkugel von da oben beschrieben, der Mann im Mond muß uns ähnlich entzückt anschwärmen wie wir seinen leuchtenden Planeten. Die Schönheit und Zerbrechlichkeit der Erdkugel ist vergessen. Sie sind wieder heruntergekommen und haben verdrängt, wie klein sie da oben waren und wie klein wir hier unten sind. Der blaue Planet wird weiter kräftig zerstört, und der Mond scheint milde und «füllet wieder Busch und Tal still mit Nebelglanz» und ist schuld daran, daß mir meine Freundin nicht die Haare schneidet. Auch recht. Ich bitte darum, jetzt verstärkt den Mars und seinen Einfluß auf meine Gartenkräuter zu erforschen. Und vom Mars aus sieht man wohl dann auch unsere Erde nicht mehr und muß keine so großen Sprüche klopfen. *15/97*

Ehrlichkeit

also ... oh, was sind wir böse! «Halloooo! Wie geht's?» rufen wir aber so was von fröhlich, erfreut und interessiert, als uns der junge Mann in der Fußgängerzone begegnet, und dann reden wir eine Weile über dies und das, versichern uns, daß wir uns bald aber wirklich, wirklich mal in Ruhe ganz gemütlich treffen wollen, und gehen weiter. Kaum sind wir außer Hörweite, sagen wir zu unserer Freundin: «Das ist vielleicht ein Arsch! Lieber schneide ich mir ja wohl die Nase ab, als den zu treffen.» In der Bar hab ich erlebt, daß eine sehr gestylte Frau hereinkommt, und mein Begleiter springt auf, herzt und küßt sie, sagt: «Marion! Du siehst phantastisch aus! Entschuldige, ich sitz hier mit Elke, wir haben was zu besprechen, aber wir sollten ganz, ganz bald ...», und als Marion weiterrauscht, setzt er sich und sagt: «Großer Gott, ist die wieder aufgedonnert, so eine gräßliche Kuh», und als ich frage: «Wer ist denn das?», sagt er: «Forget it.» Irgendwie ekelhaft, oder? Denn über mich wird er das nächste Mal dann ja wohl genauso reden. Und ist das herzliche Getue nötig, um den Schein zu wahren? Um zivilisiert miteinander umzugehen, würden es doch kleine freundliche Notlügen auch tun, oder? Aber nein, zuerst der ganze Herzensüberschwang, und dann der Kübel mit der Häme. Nun gehöre ich wahrhaftig nicht zu den immer freundlichen Zeitgenossen, ich kann verflixt ungemütlich werden und muß mich manches Mal zusammenreißen, um einen besonderen Idioten gerade noch freundlich zu begrüßen. Gerade noch. Aber ist das nicht ehrlicher als dieses Küßchen-rechts-Küßchen-links-Getue (das einem leider oft auch selbst regelrecht aufgezwungen wird) und ein Haufen völlig überflüssiger, nutzloser Komplimente, nur um dann hinterher all das loszulassen, was man eigentlich gern gesagt hätte? Es geht ja im Leben nicht darum, immer die Wahrheit zu sagen – in dieser Zeitschrift stand vor einiger Zeit ein beeindruckender Beitrag über ein Wahrheitsexperiment. Wir lügen alle. Aber es hat sich so eine gesellschaftliche Scheißfreundlichkeit eingeschlichen, die von vorn bis hinten falsch und verlogen ist, und ich denke: Das muß eigentlich nicht sein. Das Leben wird sogar leichter, wenn wir Leuten, die wir nun wirklich nicht mögen, nicht allzu herzlich, sondern höflich-kühl begegnen. Das erspart lästige Einladungen, ewige Anrufe, es erspart uns, daß sich Marion dann eben doch an unseren Tisch setzt, weil man sie ja so sehr schätzt und so überaus erfreut begrüßt hat. Gewiß, Höflichkeit erleichtert das Leben. Aber Höflichkeit gepaart mit so einem Hauch gerade noch vertretbarer Ehrlichkeit – das hat auch was und erspart Herzeleid und lange, verlorene Abende. Lebenszeit ist knapp, Freunde, laßt sie uns nicht vergeuden, nur weil wir nicht den Mut haben, ab und zu ein wenig reserviert zu sagen: «Nein, seien Sie nicht böse, aber ich möchte mit Ihnen nicht essen gehen.» Ich habe mal bei einem besonderen Ekelpaket ein zu vorcilig erpreßtes «Du» wieder ins «Sie» zurückverwandelt – ich kam mir sehr blöd dabei vor und wäre froh gewesen, ich hätte es mir ersparen können. Aber wie schön ist es, den Schnösel heute zu treffen, weitergehen zu können und nur lächelnd sagen zu müssen: «Hallo! Ich grüße Sie!» Beim nächsten Mal gleich so. *16/97*

also ...

gucken Sie den Leuten mal auf die Schuhe, wenn Sie irgendwo gemütlich draußen sitzen – man sieht Erstaunliches, und es wird nie langweilig. Zunächst hat man das Gefühl, die Welt bestünde nur aus Turnschuhen: Turnschuhen mit Streifen, in schrillen Neonfarben, mit wuchtigen Airbags statt Sohlen, mit Seitenaufprallschutz – «Schrecklich muß eine Existenz sein, die so viel Linderung und Polsterung nötig hat!» stand dazu mal in einer Glosse in der «Zeit». Ja, vielleicht, aber es könnte ja auch mal irgendwo ein Ball herumliegen, den man bundesligamäßig kicken müßte, also ist man mit dem Turnschuh nie falsch gekleidet. Dann die Plateausohlen – es ist schön, sich vorzustellen, was passiert, wenn die Trägerin der Plateausohlen damit umknickt. Die Orthopäden reiben sich feixend die Hände, und ich amüsiere mich, denn etwas Komischeres als die steifbeinig staksenden Plateausohlengazellen kann ich mir kaum vorstellen, das unterhält mich enorm, wenn ich stundenlang im Straßencafé sitze und denke: Was könnte ich denn für ein ALSO schreiben? Eben dieses. Dann kommen die Frauen, die sich in Pumps zwängen, obwohl man ihren Füßen die schmerzhaften Verformungen und ihren Beinen die Krampfadern schon ansieht. Die Dame trägt nun mal Absatz, und sei es noch so anstrengend. Die alten Frauen tragen oft unmögliche Billigschuhe mit diesem schmalen Standflächenabsatz, auf dem sie keinen sicheren Halt haben, und die Gummisohle ist auch nicht

das Wahre für jeden Tag. Die meisten Männer tragen un-
gepflegte, ungeputzte bequeme Schlurfschuhe, der Lieb-
lingsschuh wird ausgelatscht, bis er nun wirklich vom Fuß
fällt. Boots feiern Triumphe, nicht nur bei der Wüstenral-
lye, sondern auch in der Innenstadt, wo sie etwa so sinnvoll sind wie Range Rover. Manchmal sieht man bei sehr
alten Damen Schuhe, wie es sie seit zwanzig Jahren nicht
mehr gibt, schöne, ein wenig altmodische und doch immer
noch elegante, sehr gepflegte, schon hundertmal neu be-
sohlte, reparierte Schuhe, die abends auf Spanner kommen
und mit Fett verwöhnt werden. Das rührt mich immer
sehr, und ich denke: Ist man früher mit den Sachen sorg-
fältiger umgegangen, oder waren die Schuhe einfach auch
besser? Heute bringt man italienische Schuhe ja sofort
nach dem Kauf zum Schuster, der richtige Ledersohlen
statt Pappe druntermacht. Dann sieht man Gesundheits-
schuhe, die bequem und scheußlich sind, erstaunliche
Goldsandalen, die nur einen Sommer halten, dann reißen
die Riemchen ab, und natürlich hochgeschnürte Kampfstiefel zu Minishorts. Wo sind eigentlich all die eleganten
Damenschuhe aus den Läden? Die schönen italienischen
oder Budapester Herrenschuhe? Sie stehen zu Hause im
Regal, für die besondere Gelegenheit, wenn man sich mal
feinmacht, und dann drücken sie entsprechend. Zum
Stadtgang zieht man schnell mal eben die bequemen
Schuhe an, darin läuft es sich am besten, und es guckt ja
doch keiner. Auch ich habe ein paar schöne rote Opern-
schuhe zu Hause. Ziehe ich sie in Oper und Theater an,
tun mir die Füße mächtig weh, weil die Schuhe nie mal
richtig länger eingelaufen werden. Also, in die Stadt wie
immer mit den ausgelatschten Tretern, sieht ja keiner!
Doch, die Kolumnistin sieht immer alles. Auch an sich
selbst. *17/97*

also ... es gibt immer so Sachen, die hat «man» plötzlich, man hat sie, und dann haben sie alle. Kein Mensch hat sich doch früher, ganz früher, für Basilikum interessiert – Schnittlauch und Petersilie, das waren unsere Kräuter auf dem Tomatenbrot, aber heute sind Tomaten ohne Basilikum schier undenkbar. Und Mozzarella, dieser nach nichts schmeckende schneeweiße Käse, Mozzarella muß einfach sein, Tomaten mit Mozzarella und Basilikum, und die Pfeffermühle muß so lang sein wie Schumachers Kinn, und erst dann wird aus dem faden Dienstagabend die italienische Nacht. Und dann kam Rucola. Aßen wir jahrelang brav unseren Feldsalat beim Italiener, muß es jetzt Rucola sein, nichts geht mehr ohne Rucolasalat mit Parmesan, und dazu natürlich nur das Mineralwasser aus der blauen Flasche. Und überall sind Kerzen auf dem Tisch, Kerzen zu Hause, Kerzen im Café, Kerzen in der Kneipe, Kerzen im Nobelrestaurant, bunte Kerzen, Duftkerzen, Kugelkerzen, Würfelkerzen. Ohne Kerzenschein geht gar nichts mehr, will keine romantische Stimmung aufkommen, ist die Tafel nicht festlich und wird die Seele nicht weit, Kerzelein fürs Herzelein. Daß Kerzen mal lang und weiß waren, ist auch vorbei, und oft kommen sie in Gestalt duftender kleiner Petrollämpchen daher, Hauptsache, ein Flämmlein. Sushi essen auch auf einmal alle (ich nicht!), und Tokyo Delis sind in allen Städten, die auf sich halten, an jeder fünften Ecke. Und man wohnt ländlich, Schluß mit dem Desi-

gner-Schnickschnack, das Rustikale ist wieder mal angesagt, strohige Teppiche, kuschelige Sitzecken, heimelige
Lampen (oder gleich Lüster mit Kerzen, Kerzen, Kerzen)
und dazu das Laura Ashley-Kleid mit den großen Rosen
drauf, jaja, bleib draußen, Zivilisation, wir haben es hier
drin kuschelig und gemütlich. Das war schon im Biedermeier so: Der Leib lag auf dem Kanapee, die Seele
schwang sich in die Höh. Und der Garten! Der Garten fei-
ert Triumphe! Weh dem, der keinen Garten hat und nicht
diese Fülle von Landhausmöbeln, Rosenkugeln, Marmor-
tischchen, schattigen Eckchen mit Kräutern in antiken
Amphoren vorweisen kann, mit mindestens fünf verschiedenen Sorten Rittersporn, und da, siehst du, das ist die
Fritillaria meleagris, die war vor drei oder vier Jahren
Blume des Jahres, hat Robert selbst gepflanzt, und ach, die
Akelei! Oje, was macht denn der gartenlose Mensch an
den milden Augustabenden mit seinen Freunden? Er sitzt
mit ihnen im Wohnzimmer am offenen Fenster in Sesseln
und Sofas, die allesamt mit großen orientalischen Tüchern
verhängt sind. Der Polsterstoff kann noch so schön sein,
nein, man wirft große Foulards über die Möbel, wie bei
den alten Russen, wenn das Petersburger Palais verhängt
wurde, weil man in die Sommerresidenz auf die Krim rei-
ste. Und die Frauen, wir Frauen sind seit dem Film «Der
englische Patient» endlich wieder weiblich, wir tragen
Chiffon und ausgeschnittene Kleider, wir sind verführe-
risch, geheimnisvoll, wir duften und sind sexy und ganz
und gar zum Sterben in der Wüste schön. Alle, auf ein-
mal.   *18/97*

Erfindergeist

also... neulich aßen wir Artischocken, schön mit Sauce hollandaise, Blättchen abreißen, eintunken, hm! Und plötzlich sagte meine Freundin: «Wer das bloß erfunden hat – so eine stachelige Pflanze kochen und dann die Blätter in irgendwas tunken und auszuzeln. Wer kommt auf so was?» Und dann waren wir gar nicht mehr zu bremsen: Wer hat zuerst begriffen und warum, daß man grüne Kaffeebohnen pflückt und röstet? Und dann zermahlt? Und dann heißes Wasser draufschüttet, möglichst das Ganze noch filtert? Und dann Zucker und Milch dazu – wer denkt sich das aus? Oder dieser japanische Fisch, den man nur auf eine ganz bestimmte Weise aufschneiden darf, sonst ist er tödlich – wer probiert das wie und warum zum allererstenmal? Freund Paul weiß es: «Die Mönche früher», sagt er, «die hatten in ihren Klostergärten allerhand Pflanzen und Kräuter, und auch aus giftigen Kräutern machten die ja Medizin, aber wie hoch durfte die Dosis sein? Na, da holten sie sich aus den Dörfern ein paar zum Tode Verurteilte, die mußten das probieren – blieben sie am Leben, waren sie frei, wenn nicht: Pech gehabt.» Wir kamen jetzt von Hölzchen auf Stöckchen, von den Vorkostern der Zaren bis zu den Versuchskaninchen der Ärzte, aber wir landeten immer wieder beim Essen. Das Getreide! Wie kamen die Menschen darauf, Körner aus Halmen zu klauben, zu mahlen, mit Wasser zu vermischen, Brot daraus zu backen? Einer muß der erste gewesen sein, der das erfunden hat. Oder Spargel

– wer hat den Spargel erfunden? Wer kam auf die Idee, Weißkohl in Fässern zu Sauerkraut gären zu lassen? Eier: Das Huhn setzt sich drauf und brütet. Aber die Idee, ein Ei zu kochen, die mußte doch auch mal jemand als erster haben! Und welche Möglichkeiten schlummern da noch? Hat denn schon mal jemand versucht … – natürlich. Alles wurde schon versucht, sogar kandierte Veilchen können wir essen, wenn wir wollen. Auf heikles Terrain führt diese Diskussion, kommt man zur genmanipulierten Tomate. Keiner weiß, was das für Folgen haben wird – aber das wußte man beim Essen erster Kartoffelknollen auch nicht. Was erfunden werden kann, wird erfunden, und was erfunden wird, wird auch gemacht und läßt sich nicht mehr rückwärts drehen, als wäre es nicht in der Welt. Solange es sich dabei um die aberwitzige Idee handelt, aus Rosenöl und Mandelpampe Marzipan in Schweinchenform herzustellen, können wir noch lachen. Wenn genmanipulierte Sojasprossen im Wok landen, sind wir etwas stiller – hat das jemand ausreichend vorgekostet, will sagen: ausprobiert? Und woran? An Menschen? Haben die das freiwillig getan? Oder wieder mal an Tieren, die alles ausbaden müssen, was in unseren Köpfen entsteht? Das geklonte Schaf steht da und glotzt dumm, es weiß nicht, wie ihm geschieht. Wacht über allem Erfindergeist noch eine Ethik, und wer lenkt die? Gibt es noch jemanden, der Verantwortung hat für das, was geschieht? Und wenn ja: Wer ist es, der sich das traut, und wie können wir ihn zur Rechenschaft ziehen? Wer war das, der als erster gemerkt hat, daß Tabakblätter als Salat nichts taugen, aber daß man sie drehen, anzünden, rauchen kann – ist der schuld an allem Lungenkrebs? So darf man nicht fragen. Aber Fragen haben es an sich, daß sie ganz von allein in furchtsamen Köpfen entstehen. Antworten: nirgends. *19/97*

Flohmarkt

also ... ich kann's nie lassen: Ich muß über jeden Flohmarkt gehen. Gehen? Schleichen, ich muß stundenlang alles ganz genau angucken, und ich muß Geld
ausgeben für Dinge, die sich in meinem Schränk-
chen bereits stapeln: alte kleine Likörgläschen
(wann trinkt eigentlich jemals jemand bei mir
Likör?), Schüsseln mit Rosenmuster, entzückende
Milchkännchen (wofür braucht man entzückende Milchkännchen?). Ich kaufe Albumbildchen, Glasketten aus
den 50ern und alte Reklameschilder, schleppe alles nach
Hause, freue mich am Anblick und denke dann: Grundguter Himmel, wohin damit? Brauche ich das? Nein,
natürlich brauche ich das nicht, aber es hat doch nur 15
Mark gekostet, und daran kann man doch nicht so einfach
vorbeigehen ... O doch! Man kann schon, nur ich kann
nicht. Ich bin immer wieder süchtig nach Stilleben, alten
Postkarten, Gläsern, Lampenschirmen, ich muß rote
Samtsessel kaufen, in denen kein Mensch sitzen kann, und
viele meiner Flatterkleider sind secondhand. Ich gehe am
liebsten allein über Flohmärkte, damit mich keiner er-
tappt. Mein Mann guckt schon immer gequält weg und
sagt: «Aber wir haben doch schon sechs Tortenplatten!» –
«Aber noch keine mit Pflaumenmuster», beharre ich trot-
zig. Meine Freundin ist pragmatisch, nüchtern, modern, in
Sachen Trödelkram völlig verständnislos: «Was willst du
denn mit einem Kinderstühlchen? Du hast doch gar keine
Kinder.» – «Aber es ist doch so niedlich!» – «Niedlich?

Was ist denn daran niedlich?» Als ob man so an die schönen Dinge des Lebens herangehen dürfte! Am schlimmsten ist es mit Mutter auf dem Flohmarkt. «Oh! Guck mal
die schönen Porzellanbrettchen!» – «So was hatten wir
früher zu Hause auch, sehr unpraktisch.» – «Sieh mal,
Glaskaraffen.» – «Ja, die schließen aber nicht dicht, das da
wird dir alles schlecht drin.» – «Sind diese gestickten
Haussegen nicht schön?» – «So was haben wir damals alles weggeschmissen.» – «Deshalb sind sie doch trotzdem
schön!» – «Du bist doch sonst nicht so fromm, was willst
du denn ausgerechnet auf einmal mit gestickten Haussegen?» Es ist hoffnungslos. Und als letztes zugkräftiges
Argument kommt immer: «Das sind doch alles bloß
Staubfänger.» Ja, mag sein, aber ich bin nun mal in gewis-
sem Sinn süchtig nach alten, guterhaltenen Dingen, die ich
schön finde und die mir – das gebe ich zu – Wohnung und
Schränke verstopfen. Meine Umgebung hält mich zunehmend für verrückt. Die gängigste Frage ist: «Wofür
brauchst du das?» Ja, wofür braucht man ein altes Post-
kartenalbum? Weiß ich auch nicht. Vielleicht, um es an
irgendeinem herzzerreißenden Abend sehnsüchtig anzusehen und zu denken: «Ach, wie war doch früher alles so
romantisch!» Vielleicht aber auch, um es weiterzuschen-
ken – möglichst an eine Freundin, die so gar keinen Sinn
dafür hat. Und dann? Dann landet es wieder auf dem
Flohmarkt und liegt traurig auf dem Tisch, bis – ja, bis ich
vorbeikomme und frage: «Was kostet das?» Und dann
kann ich es doch für 15 Mark nicht einfach liegenlassen,
oder? 20/97

Nur nicht zuviel loben

also ... ist Ihnen schon mal aufgefallen, daß man die meisten Menschen nicht loben kann? Wenn man ihnen ein Kompliment macht, erstarren sie vor Schreck und glauben, sich sofort rechtfertigen zu müssen. «Das ist ein schönes Kleid», sage ich zu Karin, und sie wehrt ab: «Das ist aber schon uralt.» – «Es ist trotzdem schön», beharre ich, «die Farben stehen dir gut.» Karin zeigt mir eine brüchige Stelle unter dem Arm. «Guck mal, hier reißt es schon, so lange habe ich das. Das ist wirklich nicht neu, ich habe es bloß mal so wieder angezogen.» Komisch, die Frau in der Fernsehwerbung strahlt bei einem Kompliment über ihr neues Kleid, daß es nur 78 Mark gekostet hätte und aus dem Katalog wäre. Aber eine Art Rechtfertigung ist auch das. Schönes Kleid? War aber ganz billig! Neue Schuhe? Ach was, die hab ich schon ewig, bloß noch nie so richtig eingelaufen. Schicke Jacke? Ist aber aus dem Schlußverkauf, war total runtergesetzt ... Oder sagen Sie mal jemandem, daß er gut aussieht: «Du bist aber schön braun, Karlheinz, du siehst ja richtig erholt aus!» Entsetzt wehrt er ab: «Alles nur Sonnenbank!» Oder es ist getönte Feuchtigkeits- oder gar Bräunungscreme, und man solle nur ja nicht denken, er habe Zeit, in der Sonne zu liegen oder gar in Urlaub zu fahren, nein, nein, alles nur künstlich, aber heutzutage muß man ja als Manager gut und strahlend aussehen, sonst hat man keine Chance. Doch wir Freunde sollen jetzt bloß nicht denken, daß es ihm so gutgeht, wie er aussieht – un-

ter der Kunstbräune arbeitet er sich nämlich halb tot. So
ist das! «Hast du ein neues Auto?» – «Nein, das hat mir
mein Vater vermacht, der hat ein neues, und ich darf jetzt
das hier fahren. So eine Kiste könnte ich mir doch gar
nicht leisten, weißt du.» Schon klar. Aber es gibt merk-
würdigerweise auch genau das Gegenteil: Man hat Mitleid, will etwas Tröstliches sagen – «Du siehst schlecht
aus, geht es dir nicht gut?» – und kriegt die volle Breitseite
geliefert: «Was? Mir geht es prima, ich seh doch im Herbst
immer so aus, weiß gar nicht, was du hast!» Oder: «Hat
sich das mit dir und Günther wieder eingerenkt?» – «Na,
erlaube mal, das war doch gar nichts … du spielst immer
alles so hoch!» Bitte schön, auch recht. Man muß vorsichtig sein! Man darf nicht zuviel loben, man darf aber auch
nicht Anteil nehmen, wo Anteil nicht angebracht ist. Ganz
heikel auch, Freunde bei banaler Lektüre zu erwischen –
«Hey, erwischt! Du liest Rosamunde Pilcher?» – «Nö, lag
hier nur so zufällig rum.» Auch gewisse Illustrierten liest
man ja immer nur «beim Arzt», und blöde Serien guckt
man rein zufällig, nicht wahr? Keiner läßt sich gern ertappen – beim Faulsein nicht, beim Geldausgeben nicht, beim
Sparen auch nicht. Aber immer hängt es davon ab, wer es
ist, an den man gerät – so kann es sein, daß man bei ein und
demselben Wein ein und dasselbe Kompliment macht und
doch zwei verschiedene Antworten bekommt: «Hm, der
ist aber besonders lecker, woher hast du den?» – «Verrat
ich nicht, das ist was ganz Besonderes.» Und wir glauben
es gern. Oder: «Den? Den hab ich vom Aldi, war ganz
superbillig!» *21/97*

Frauen

ich kenne eine Menge ganz toller Frauen, so zwischen vierzig und fünfzig. Sie sind berufstätig, haben schön eingerichtete Wohnungen, fahren Auto, treiben Sport. Es sind Frauen dabei, die in den Wechseljahren etwas moppelig geworden sind, und es sind ganz schmale dabei, die mächtig auf ihre Figur achten. Es sind große und kleine, blonde und grauhaarige und dunkle, lustige und melancholische. Sie sind untereinander befreundet, besuchen sich, kochen ab und zu füreinander, laden sich an heiklen Weihnachtsabenden gegenseitig ein, denn alle haben etwas gemeinsam: Sie leben allein. Sie tun das mehr oder weniger freiwillig – einige leben bewußt ohne Partner, andere haben schmerzliche Trennungen hinter sich, Scheidungen, einige sind schon Witwen. Sie bilden eine Art Netzwerk und fangen sich immer wieder in Krisenzeiten gegenseitig auf, und nicht nur das: Unter Frauen gibt es ungeheuer lustige Feierabende, fröhliche Ausflüge und köstliche Küchenabende. Und doch: Natürlich gibt es auch die einsamen Koller, die Sehnsucht danach, daß einen mal einer, nicht immer «nur» eine, in den Arm nimmt. Daß da mal ein Mann wäre, der vor langen Autofahrten bäte: «Ruf aber an, wenn du gut angekommen bist!» Oder der sich freute und Blumen hinstellte, wenn man zurückkommt. Der schöne Briefe schriebe ... Ich kenne auch ein paar ganz nette Männer, die allein leben – aus denselben Gründen. Sie sind mitunter ganz lässig mit solchen Frauen befreundet. Aber für eine wirkliche Liebe und Zuneigung und Verantwortung reicht es nicht – Männer wollen junge Frauen. Sie wollen Sex. Frauen wollen mit fünfzig auch noch Sex, aber so taufrisch sind sie natürlich nicht mehr und fürchten die abtaxierenden Blicke. Also bleiben sie lieber unter sich – oder allein. Ich weiß nicht, wie die Männer das halten. So ein Freundschaftsnetzwerk wie unter Frauen gibt es, soweit ich das sehe, bei ihnen nicht. Ab und zu wird eine junge Blondine «aufgerissen», es hält in der Regel nicht lange, und man fragt sich übrigens auch, wieso nun wieder hübsche junge Frauen angegraute Bierbäuche attraktiv finden. Aber die Jungens bleiben gewiß nicht allein, und Heiligabend sitzen sowieso die meisten bei Mutter. Die Frauen zahlen den Preis für ihre einschüchternde Selbständigkeit und Unabhängigkeit: Sie sind manchmal einsam. Sie sind keine süßen kleinen Häschen mehr, und das macht vielen Männern angst. Knackig sind sie auch nicht mehr, und unter ihrer Würde wollen sie sich nicht verkaufen – ein bißchen kuscheln ab und zu, das wäre nicht schlecht. Aber der tägliche Macho im Bett – nein, danke. Unsere Mütter haben noch durchgehalten und Ehen bis zum bitteren Ende ausgestanden. Die Frauen heute haben keine Lust mehr dazu. Leicht ist es nicht. Aber vielleicht kommt ja das goldene Zeitalter, in dem die Männer erwachsen werden, reife Frauen schätzen und ihnen sogar Freund und Geliebter sein können! Es soll schon drei, vier davon geben. Wir warten weiter.

22/97

Bücher lesen

also ... und wieder war die Buchmesse – noch größer, noch beeindruckender, noch gewaltiger als in den Vorjahren. Noch mehr Bücher für noch weniger Leser, denn die meisten Menschen, die ich kenne, seufzen: «Hach, ich würde ja so gern lesen, aber ich komm einfach nicht dazu.» Ich kann diesen Satz nicht mehr hören, und ich lasse ihn auch nicht mehr gelten. Wer wirklich lesen will, wer es braucht, in Geschichten ein- und aus dem Alltag abzutauchen, der kommt auch dazu. Wir kommen zum Stadtbummel, zum Autowaschen, zum Joggen, zum Kinobesuch, zum Kneipenabend, zum Tennis und zum Kaffeeklatsch, wir schaffen alles, was wir wollen – und das Lesen schaffen wir nicht? Pah. Blöde Ausrede – ja, für was? Ich nehme an, für ein tiefes Unbehagen angesichts der Bücherberge. Was soll ich lesen? Wo soll ich anfangen? Das Buch kostet 39 Mark, was, wenn ich mir das jetzt kaufe, und dann verstehe ich es nicht? Solche zaghaften Zeitgenossen haben in der Regel als Kinder und Jugendliche viel und gern gelesen, dann aber irgendwie den Anschluß verloren: Das Lesen blieb vor lauter Alltag auf der Strecke, aber so eine vage Sehnsucht, so ein wehes Ziehen in der Brust ist geblieben. Und das sind die Zuschauer vom «Literarischen Quartett», obwohl da ja Bücher nur eine sehr untergeordnete Rolle spielen. Aber sie schreiben die Titel mit, sind dankbar für Tips, egal, ob das Buch gelobt oder verrissen wird. Die Buchhändler können ein Lied davon singen – die im

Quartett besprochenen Bücher sind in der Regel am nächsten Tag ausverkauft. Und dann? Dann liegen sie auf dem Nachttisch oder im Wohnzimmer, als Bildungsblickfang, und über ihnen schwebt der Satz: «Ich würde sooo gern mal wieder lesen, aber ich komm einfach nicht dazu.» Als wäre das Lesen eine Pflicht. Als wäre es eine lästige Übung und nicht ein wunderbares Glück. Wir sollten uns das Lesen leisten wie einen schönen, lebensnotwendigen Luxus, wie das gute Glas Wein und die wohltuende Musik. Es gibt nichts Besseres nach einem schlimmen Tag, als still in einem Sessel zu sitzen und in eine Geschichte einzutauchen, die gut erzählt ist. Glauben Sie nicht den intellektuellen Kritikern, die immer nur zeigen wollen, wie schlau sie sind. Vertrauen Sie auf andere Lesende, auf Tips von Freunden, von Buchhändlern, von BRIGITTE. Lassen Sie sich wieder ein auf ein Buch, wie Sie sich auf die Liebe einlassen. Die Dichter haben uns etwas zu sagen. Die Buchmesse ist ein Markt wie die Möbel-, die Mode- und die Automesse. Jeder Mensch muß selbst herausfinden, was für ein Auto er fahren, was für Kleider er tragen, auf welchen Sofas er sitzen will und welche Geschichten seine Seele braucht, um die Flügel aufzuspannen und aus dem Alltag wegzufliegen. Keine Bange vor der Masse – Sie finden das Richtige, wenn Sie nur wollen und in Buchhandlungen das Angebot so gründlich studieren wie im Wein- und Käseladen. Bücher sind nicht nur Bildungsgut. Sie sind auch etwas Kulinarisches, und Helmut Kohl sagte anläßlich der Eröffnung der Deutschen Bibliothek 1997: «Das Buch ist wie ein Garten, den man in der Tasche trägt.» Diesem erstaunlich schönen Satz ist nichts hinzuzufügen. *23/97*

Deutsche Helden

also ... unter uns leben Menschen, die wir alle kennen, und doch hat sie noch niemand wirklich gesehen. Wir kennen ihre Namen, und wir können uns auch so ungefähr vorstellen, wie sie leben und was sie tun, aber ganz genau weiß es keiner – dabei repräsentieren sie uns doch! Nehmen Sie zum Beispiel mal Lieschen Müller. Lieschen Müller, das sind wir Mädels doch alle, oder? «Die sieht aus wie Lieschen Müller.» «Das kannst du Lieschen Müller erzählen, aber nicht mir.» Wer ist Lieschen Müller? Sie ist mit Sicherheit blond, lebt allein (Fräulein Lieschen Müller) und hat eine kleine Zweizimmerwohnung, vermutlich mit Wellensittich. Lieschen Müller hat sich ihr Leben groß und glänzend vorgestellt, aber es ist anders gekommen und alles ein wenig grau geblieben, sie ist eben nicht Liz Taylor (Lieschen Schneider), sondern nur Lieschen Müller, und wenn wir von ihr sprechen, dann ehrlich gesagt immer etwas abschätzig. Ganz anders dagegen Erika Mustermann. Erika Mustermann ist die zuverlässige deutsche Frau schlechthin. Sie war eine Zeitlang auf jedem Ausweisformular zu sehen, jetzt ist es etwas ruhiger um sie geworden, und sie widmet sich wieder ihrer Familie. (Erich Mustermann leitet ein großes Möbelhaus am Stadtrand, Erika hilft in der Buchhaltung aus.) Sie hat zwei Kinder und wohnt in einem Musterhaus mit Vorgarten, bei ihr herrscht mustergültige Ordnung, und Erika war damals sehr entschieden für die Volkszählung. Wir erinnern uns: Erika und ihre Familie waren so ziemlich die einzigen, die sich gern und freudig zählen lassen wollten, deshalb wissen wir auch soviel von den Mustermanns, da liegt alles klar und offen auf dem Tisch – im Gegensatz zu Hinz und Kunz. Hinz und Kunz wuseln mal hierhin, mal dahin, sind nicht greifbar, verraten uns ihre Vornamen nicht, tragen kurze Hosen, Socken und Sandalen und haben generell keinen Geschmack, keine Meinung und rennen jedem noch so blöden Trend nach. Mit Hinz und Kunz möchten wir, wenn wir ehrlich sind, nichts zu tun haben, im Ausland begegnet man diesen schrecklichen Zwillingen übrigens auch oft, da heißen die dann aber Krethi und Plethi. Hinz und Kunz treten immer mit Kind und Kegel auf, und wenn wir uns bei den Prospekten, die aus unserer Tageszeitung flattern, fragen, wer denn diese abscheulichen eichenen Schrankwände und diese Sitzgruppen in Kunstleder noch kauft, dann wissen wir es jetzt: Das sind Hinz und Kunz. Hempel möchte mit Hinz und Kunz übrigens nichts zu tun haben. Hempels sind grundanständige, ordentliche Leute – Herr Hempel ist Abteilungsleiter, Frau Hempel hat einen Schönheitssalon, sie sind tipptopp gekleidet und frisiert, und es gibt nur einen dunklen Punkt in ihrem Leben: Sie sollten mal sehen, wie es bei Hempels unterm Sofa aussieht – grauenhaft. Unbeschreiblich. Otto Normalverbraucher war da mal zu Besuch und geht nie wieder hin, so hat er sich geekelt, er geht lieber mit seinem Freund, dem Gschaftlhuber, wieder zu Theo Meier und ruft aus: «Keine Feier ohne Meier!» (Übrigens ist dieser Meier ein entfernter Onkel von Lieschen Müller, aber das würde jetzt zu weit führen.) *24/97*

Unterschiedliche Talente

also ...

wenn ich das schon lese: «Und schon haben Sie mit zwei Handgriffen aus dem Schrank ein praktisches Klappbett für Besuch gezaubert.» So, hab ich das? Bin ich vielleicht Donna Magica? Nein, ich bin nur eine Frau mit sehr mäßigem Geschick für alles Handwerkliche, und wenn ich mit zwei Handgriffen aus dem Schrank ein Klappbett zaubern will, dann klemme ich mir zuerst mal die Finger. Wir kennen die Geschichten von verzweifelten Singles, die ganze Wochenenden hinter zurückschnappenden Klappbetten eingeklemmt an der Tapete verbrachten – ich könnte leicht irgendwann dazugehören. Die mit nur wenigen, ganz einfachen Handgriffen zusammenschraubbaren Küchenmaschinen sind nichts für mich. Erst krieg ich sie nicht richtig zusammen, und wenn doch, dann garantiert nie wieder auseinander. Ich habe eben andere Begabungen! Die, mit dem neuen Zaubermittel meine Ceranplatten auf dem Herd – zisch – blitzschnell blitzeblank zu reinigen, gehört allerdings nicht dazu. Wo einmal gründlich Pflaumenmarmelade übergekocht ist, sind Krusten für die nächsten hundert Jahre. Ich muß mich auch davor hüten, voller Sehnsucht auf Strickanleitungen hereinzufallen, nach denen man noch sechs Stunden vor der Bescherung einen herrlichen Norwegerpullover stricken kann. Dicke Nadeln, dicke Wolle und dann bloß links, links, links. Ach ja? Bei mir wird das ein formloser Sack, der in der Truhe mit den «schnellen Schnitten» landet, in die ich niemanden hineinsehen lasse. Da ruhen meine gräßlichsten Niederlagen: Bastelarbeiten aus zwei Jahrzehnten, angefertigt mit, wie Mutter gern sagt, «zwei linken Händen, an jeder Hand fünf Daumen». Andere Menschen lernen im Sechs-Wochen-Schnellkurs Chinesisch, machen mal eben eine Steptanzausbildung und knüpfen zwischendurch noch rasch einen Teppich. Ich hingegen kann nicht in Null Komma nix die Gartenstühle neu streichen und aus Stoffresten entzückende Briefmappen basteln. Ja, ich würde es gern können, aber ganz offensichtlich geht es mir gegen die Natur. Ich bewundere Frauen, die das alles können, und die bewundern mich, weil ich seit so vielen Jahren schon tapfer meine Kolumnen schreibe. Dabei brauchen wir uns so dringend gegenseitig! Könnten sie nicht mit zwei Handgriffen aus einem Wandschrank ein herrliches Klappbett für Besuch zaubern, hätte ich keine Themen, über die ich staunend schreiben könnte – so muß man das auch mal sehen. Die Begabungen sind auf dieser Welt sehr unterschiedlich verteilt, und nicht jeder kann alles lernen. Warum versuche ich, obwohl ich das weiß, hartnäckig immer wieder die verhaßten Seitenschlitze an Pullovern so unauffällig zuzunähen, daß man es nicht sieht, und laufe dann mit ausgebeulten Klumpennähten herum? Wohl aus demselben Grund, aus dem Angela Merkel versucht, sich schön zu kämmen: Man möchte so gern! Aber es klappt einfach nicht. Mit diesem Fluch muß man dann eben leben. *25/97*

Stille Nacht

also ... es ist wirklich wahr: In diesem Jahr sah ich die ersten Christstollen, Lebkuchen, Printen, Dominosteine und Marzipankartoffeln in meinem Supermarkt am Montag, dem 25. August. Es war ein heißer Sommertag, ich stand da in meinem ärmellosen Stiefmütterchenkleid mit Sandalen und wollte eigentlich Eistee, Mineralwasser und Obst kaufen. Und da war er, der Stand mit den zuckerbemehlten Stollen und den Printen mit Christbaumaufdruck, und ich hatte schon so ein bißchen das Gefühl, daß das eine Kleinigkeit zu früh wäre. Oder? Die in der Nähe arbeitende Fachkraft knurrte: «Ist Anordnung von oben. Ich find's auch reichlich früh.» Von oben? Hatte vielleicht der liebe Gott persönlich ... ich wagte nicht zu fragen. Aber warum denn noch nicht «Jingle Bells» oder «Stille Nacht» über die Lautsprecher lief, erkundigte ich mich, denn: wenn schon, denn schon! Oder? Für soviel sarkastischen Scherz hatte die Fachkraft aber keinen Sinn und antwortete nicht mehr. Auf dem Heimweg fuhr ich vorsichtshalber an dem großen Platz vorbei, auf dem immer unser Weihnachtsmarkt ist, und ich war sehr enttäuscht: Keine Buden! Kein Glühwein! Nichts! So fällt doch alles auseinander – hier schon der Stollen, da noch nicht die richtige Musik, dort Marzipankartoffeln, aber unter welches grüne Tännlein sollte ich sie legen? Ich setzte mich in den Biergarten und bestellte trübsinnig die Brisoletten italienische Art mit Butternudeln, klang gut. «Fragen Sie mich

112

jetzt bloß nicht, was das ist», sagte die Kellnerin, «ich weiß es auch nicht, irgendwas mit Fleischklößchen, so sieht's jedenfalls aus. Alle fragen, und immer denken die in der Küche sich solche Sachen aus.» Ich fragte nicht, ich aß und dachte an Spritzgebäck und Zimtsterne und daß ich noch gar nicht wüßte, was ich Weihnachten kochen würde, dabei war schon August! Ich würde auch gleich heute die Wintersachen und die dicken Schuhe aus der Truhe holen müssen, sonst gäbe es wieder ein Gehetze auf den letzten Drücker, und mein armer Mann müßte im November bei Schneetreiben in kurzen Hosen zur Arbeit gehen. Ja, es wird einem keine Zeit für Muße mehr gelassen, alles ist schnellebig und anstrengend, und ich war sehr enttäuscht darüber, im August noch keine Bastelanleitungen für Weihnachstgeschenke zu finden! Ab wann hängt man eigentlich Lichterketten in die Eibe im Vorgarten? Früher war es der erste Advent. Ist Oktober nicht besser? Ich meine, auf irgendwas Festliches müssen wir doch gukken, wenn wir den Stollen schon mal essen. Oder? Oder sollen wir den Stollen noch nicht essen? Was wird aber dann aus all den Leckereien von August bis Dezember? Es muß noch Menschen geben, die im Hochsommer Heißhunger auf Printen verspüren, an die wollen wir schließlich auch einmal denken! Schluß nun mit den nutzlosen Gedanken. Aber ich möchte noch für ganzjährige Weihnachtsmärkte plädieren! Der eine Stand mit Christbaumschmuck kann ja erst im Dezember dazukommen, und den Rest, den es auf unserem Weihnachtsmarkt gibt – Messingbeschläge, Schuhe, Wäsche, Gläser, Honig, Würste aus dem Umland –, den kann man doch das ganze Jahr brauchen. Und dann sollen sie ihre Lieder dudeln, und vielleicht hätten wir dann irgendwann im Dezember wirklich wieder Stille Nacht. 26 / 97

Silvesterpartys

also ... es ist doch jedes Jahr dasselbe – immer wieder Panik: Was machen wir an Silvester? Nur weil es draußen knallt und kracht, denken wir, wir müßten das Glitzerkleid anziehen, Champagner kalt stellen und uns um Mitternacht von irgendwelchen Menschen küssen lassen, die uns ein schönes neues Jahr wünschen – dabei ist im Grunde nichts anderes passiert, als daß gerade noch Mittwoch war, und nun ist eben Donnerstag, na und? Aber Silvester treibt uns in hektische Aktivitäten, da kann man doch nicht allein sitzen! Da muß doch was los sein! Was soll man denn bloß um 24 Uhr machen? Na, was man sonst auch macht: lesen, eine schöne Platte hören oder Briefe schreiben. Man kann auch mal die Krimskramsschublade aufräumen, zum Beispiel, oder das Fach mit den T-Shirts durchfilzen. Nein, undenkbar: Silvester muß gefeiert werden, als hätten wir nicht gerade Weihnachten überstanden mit Einkaufen, Rennen, Kochen, Schmücken, Essen, Feiern, Telefonieren, Bedanken und was weiß ich alles. Wie schön ist so ein Silvesterabend still allein zu Hause, die Katze auf dem Schoß! Aber anscheinend überfällt uns dann das sogenannte heulende Elend – überall wird gefeiert, huhu, und ich sitz hier allein. Ja und? Was ist an diesem Tag so besonders? Nur weil ab morgen ein neues Jahr anfängt? Jeden Tag fängt ein neues Jahr an, so gesehen! Den 7. Juli 1997 gibt es auch nur ein einziges Mal und dann nie wieder! Ich gehöre, man merkt es ja schon, zu den Silvestermuffeln.

Das liegt auch daran, daß ich immer einen Haufen Tiere hatte oder habe, die sich vor der Knallerei zu Tode erschrecken, und wenn's losgeht, will ich bei ihnen sein, die Katzenklappe zugesperrt, damit sie mir nicht draußen in den Raketenregen rennen, will schöne laute Tangos auflegen oder Händels «Wassermusik», und dann kriegen wir gar nichts mit von all dem millionenteuren Getöse, meine Pelze und ich. Und gute Vorsätze – bah, die kann ich am 2. Januar, wahlweise 15. März oder 20. Oktober auch noch fassen. Meine Freunde geben Silvesterpartys. Ich bin eingeladen, ich geh aber nicht hin – das Gefühl, eingeladen zu sein, reicht mir schon; ich könnte, wenn ich wollte! Ich will aber nicht! Ich genieße meine selbstgewählte Einsamkeit und liege schön kuschelig und spätestens um ein Uhr im Bett, während die sich dann betrunken mit Taxis durch die Nacht quälen müssen – so muß man das auch mal sehen. Der Zwang zum Feiern sollte uns nicht den Hals zuschnüren. Das wird im Jahr 1999 noch schlimm genug, wo wir ja alle auf dem Empire State Building stehen wollen oder müssen. Bis dahin können wir uns aber, finde ich, ruhig noch zwei ganz zahme, harmlose Jahreswechsel ohne Feierei leisten, ohne gleich ins tiefe schwarze «Niemand hat mich lieb»-Loch zu fallen. Und um 24 Uhr ruft sowieso Mutter an und sagt: «Dies Silvester ist mein letztes.» Das sagt sie seit dreißig Jahren, und wir wünschen ihr, wie immer, fürs neue Jahr alles, alles Gute! *1/98*

115

Mein Bettenleben

also ...

es gibt eine Sache in meinem Hausfrauendasein, die treibt mich zusehends in die Verzweiflung, na, sagen wir es milder: in eine zornige Ratlosigkeit, und ich weiß auch nicht, wie ich aus dieser Mischung von Planungsfehlern, Kaufwut und Irrtümern wieder herauskomme. Ich muß ganz von vorn anfangen, damit Sie mich verstehen: Als ich ein Teenager war, kaufte meine Mutter regelmäßig Stücke für meine Aussteuer. Meine Freude darüber hielt sich sehr in Grenzen, aber ich konnte es nicht ändern, daß an den Geburtstagen und zu Weihnachten Frotteetücher, Bettbezüge und Kopfkissen auf dem Gabentisch lagen. Mein Dank war eher lau, aber meine Mutter wußte: «Wenn du groß bist, wirst du dich sehr darüber freuen und deiner Mutter noch mal danken.» Nun, es ist anders gekommen. Als ich groß war, hatte man Handtücher mit solchen Mustern nicht mehr und lebte zunächst in WGs, da hätte ich mal mit schneeweißer Damastbettwäsche auftauchen sollen! Mutter stapelte beharrlich alles in ihren Schränken, denn irgendwann wird das Kind ja mal heiraten, und dann ... Das Kind heiratete einen 1,98 m großen Mann. Alle Bettbezüge waren für Daunendecken von 1,30 m Breite und 2 m Länge gedacht. Wir hatten aber eine Decke von 2,20 m Länge, und breiter war sie auch. Die Bezüge paßten nicht. Bezüge in Überlänge sind nur sehr schwer zu finden, aber es ging. Dann kamen zwei leichte Sommerdecken ins Haus, je 1,55 m breit und 2,10 m lang. Neue Bezüge mußten her, und ich stand in Wäschegeschäften und dachte: Wie waren noch mal die Maße? 1,35? Bestimmt, der hier mit den Sternchen ist so schön, der wird schon passen … Er paßte natürlich nicht. Dann gab es das Gästebett mit der 2×2-Meter-Decke, Ikea, Bezüge passend. Aber die Kissen waren 40×80 groß, während alle meine Kissenbezüge für 80×80-Kissen gedacht waren, die ich aber schon längst viel zu groß fand und durch kleinere ersetzt hatte. Kurzum: Irgendwann lagen in meiner Wäschekommode Bezüge von so verschiedenen Maßen, daß niemand mehr wußte, was wozu paßte. Jedes Bettbeziehen wird zum Lotteriespiel, weil garantiert die ersten drei Bezüge genau nicht zu just dieser Decke gehören, weil es große und kleine Bettücher gibt, Überschlagslaken, die alte Aussteuer, die neuen Schnäppchenkäufe, Selbstgenähtes. Bei jedem Umzug wurden die Betten anders gestellt oder zersägt oder es kam ein neues Bett mit neuen Maßen, das alte wurde das Gästebett, aber die Decken und Bezüge wollen wir für uns behalten, paßten bloß nicht mehr auf das neue Bett, das nun wieder für zwei Decken à 1,55 zu schmal war – es ist zum Auswachsen. Was soll ich tun? Alles weggeben? Mein Bettenleben noch mal neu ordnen? Gerade habe ich endlich eine neue gute Matratze bestellt. Die paßt aber nicht in das alte Bettgestell. Und die gemeinsame Riesendecke wollen wir durch zwei Decken ersetzen, ich will aber eine mit nur 2 m Länge, er braucht eine mit 2,20 m. Woran sehe ich aber beim Beziehen (immer in Eile), welcher Bezug zu welcher Decke … Ich gebe es auf. Und so schleppe ich einen qualitativ hochwertigen, in dieser Menge aber nutzlosen Wäschestapel durch mein Leben. Nein! Er mag noch für diese Kolumne getaugt haben. Gleich heute: weg damit. Aber Vorsicht: Welche Bezüge muß ich für welche Decken behalten? *2/98*

Vögel, Blumen,
Dichter des Jahres

also ... nun wissen wir es: Vogel des Jahres ist die Feldlerche, Tier des Jahres (ist der Vogel denn kein Tier?) die Unke, Baum des Jahres die Wildbirne, Blume des Jahres die Krebsschere und Dramatiker des Jahres, von der Zeitschrift «Theater heute» gekürt, ist Urs Widmer. Und was bedeutet das alles? Weiß ich auch nicht. Wir sollen wohl über Aussterbendes wieder mal nachdenken, ohne daß sich etwas ändert, wobei wir dem Dichter Urs Widmer beste Gesundheit und ein langes Leben wünschen, noch kann sich ein Vollerwerbsdichter in seiner Größenordnung und Qualität halten. Das ist mit der Wildbirne schon anders, die stand zwar einst noch bei Herrn von Ribbeck auf Ribbeck im Havelland im Garten und gab den Stoff ab zu einer schönen Ballade von Theodor Fontane, aber seitdem ist sie so gut wie ausgestorben, weil wir ja nur noch dicke, saftige Williams-Christ-Zuchtbirnen essen wollen und nicht kleine holzige Wildbirnen. Die Lerche wurde auch gern bedichtet («Es war die Nachtigall und nicht die Lerche ...»), stirbt gleichwohl aus, weil wir ihr die Wiesen und Hecken, die sie zum Aufziehen ihrer Brut brauchen würde, nicht mehr lassen. Reichlich Pflanzenschutzmittel (= Gift) tötet zudem die Käfer und Insekten, die sie für ihre Nahrung braucht – kurzum, bald wird keine Lerche mehr am frühen Morgen hoch in der Luft stehen und trällern, aber wer geht schon auch noch durch die Felder spazieren, um sie zu hören. Die Unke! Auch die

Unke ist gefährdet, denn die Feuchtbiotope, die sie zum Überleben braucht, gibt's nicht mehr, und so werden wir bald nur noch wissen, daß wir das schöne Wort «unken» diesem krötenähnlichen, braven Tier verdanken. Und die Krebsschere? Das ist nun eine Blume, die kein Mensch kennt außer Loki Schmidt, es handelt sich dabei um eine Wasseraloe, die – wir ahnen es schon – bedroht ist: weil es das Wasser, das sie in Teichen und Gräben zum Gedeihen braucht, auch nicht mehr gibt. Wir sehen: Am Ende bleibt wirklich nur der Dichter. Alles andere stirbt aus, ist schon fast weg, ist bedroht. Unser Dichter dichtet, aber wir wissen, wie wenige Schriftsteller vom Schreiben leben können und nicht noch nebenher Deutsch unterrichten oder bei Versicherungen arbeiten müssen. Was können wir tun, um unsere Dichter des Jahres und auch die anderen Dichter besser zu schützen als Wildbirne, Unke und Lerche? Lesen, ins Theater gehen, ihre Bücher kaufen. Denn wozu sonst wäre die Wahl eines «Dramatikers des Jahres» nützlich, wenn nicht zu dieser Mahnung? Und nun haben wir ja auch das Unwort des Jahres gewählt – wozu auch immer. Ich schlage zusätzlich die grausige Wortschöpfung «nichtsdestotrotz» mit vor – was soll das sein? Trotzdem? Nichtsdestoweniger? Und interessiert das irgendwen außer mir? Da ist doch letztlich viel spannender, wer denn Kanzler des Jahres wird. Da haben wir ja alle ein wenig mitzuwählen, während wir die Mode des Jahres mehr oder weniger diktiert bekommen und schon bange warten: Lang der Rock? Frei der Busen? Kurz das Haar? Groß der Hut? Und der Bestseller des Jahres – wird es ein Pate, eine Akte oder ein Superweib? Und ist das nicht auch ein bißchen inflationär, unter uns gesagt – sozusagen eine Art Überflüssigkeit des Jahres? Aber, sagt meine Mutter gern, was tut man nicht alles, damit die Zeit rumgeht. *3/98*

Falsches Deutsch

also ... irgendwann mußte ich mal lachen über wirklich falsches Deutsch im Fernsehen. Oder in Zeitungen. Und dann häuften sich die Beispiele für falsches Deutsch so sehr, daß an einen Zufall nicht mehr zu glauben war. Was für eine Sprache sprechen wir eigentlich allmählich? Wohlgemerkt, ich meine jetzt nicht die unsäglich mitteilungsbedürftigen Muttermörder, Tierquäler, Sadisten oder Autofahrer, die es in die Talkshows drängt, damit sie vor der Welt bekennen können: «Ich hab ebent mein Mutter nicht leiden können, weil daß die mich geschlagen hat» oder «So schnell fahren is für mich das Geilste wo gibt». Ich meine die Moderatoren und Nachrichtensprecher, die Politiker, die Reporter in ihren Kommentaren, die Texte zu Dokumentationen. Die Haare stehen einem zu Berge, wenn es schon im einfachsten Schlagertext heißt, daß «wegen dir» nun alles schöner ist. Mußten wir nicht mal meinet-deinet-seinetwegen deklinieren? Aber gut, haken wir das noch ab unter Umgangssprache. Warum aber auf einem «Spiegel»-Titel «Pfusch am Herz» statt «am Herzen» steht, ist schon weniger einsehbar. Die Mediensprache verschludert zuhörends – gibt es das? Oder habe ich jetzt ein neues, scheußliches Wort geschaffen? Das hört sich quer durch die Sender etwa so an: «Heute gedachte die Stadt dem Tod von zwei Bergleuten.» – «Als das Ehepaar in ihr Hotel zurückkommt, sehen sie ...» Auch schön, gleich zwei dicke Fehler in so wenigen Worten. «Aus dem Baby Amos, der

1994 zur Welt kam, wurde inzwischen …» Richtig! Der Baby, nicht wahr? «Dank den Spenden und der Hilfe unserer Zuschauer …» Wenn es doch hinten geht mit dem Genitiv, warum dann nicht vorn auch? «Es ist ein Ort, an dem die Leute mit Freude hinkommen.» An dem? Sie kommen doch wohl an den Ort, jaja, «kaum etwas hat so vielen Menschen ihren guten Ruf gekostet», auch schön falsch. Kann es sein, daß Leute, die Fernsehen machen, inzwischen gar nicht mehr lesen und nicht wissen, was das ist, Sprache? Und als der Komet am Himmel stand, hatte laut Reporter die Sternwarte «jede Nacht zu tun, um Beobachter von der Schönheit des Komets zu begeistern», wobei man nur für etwas begeistern kann, und das Kometen-s gehört da auch nicht hin. «Das Tolle ist, mal eine andere Seite auszuleben zu können.» Wenn man aus lauter Angst gleich zwei Zus zu gebrauchen versteht, wird es darum nicht besser, und wenn es über Arnold Schwarzenegger heißt, daß «eine defekte Herzklappe des Heldens ersetzt wurde», ist das genauso falsch wie die Bemerkung, daß er «trotz seines Herzklappenfehlers und seinem extremen Körperbewußtsein» täglich eine Havanna raucht. Und das sind alles Sätze aus vorgefertigten Texten, nicht etwa spontan live formuliert, was sowieso nur noch Harald Schmidt geschliffen und fehlerlos kann – wofür er ja im Mai auch zu Recht den Medienpreis für Sprachkultur verliehen bekommt. Sogar einem Hellmuth Karasek passiert es, daß er sagt: «Sonst haben sie kein Vehikel, mit der sie ihre Meinung ausdrücken können.» Ätsch, aber für mir ist meine Kolumne einen Vehikel, wo ich mich mit auszudrücken kann.   *4/98*

Kampf dem Kühlschrank

also ... ich stehe auf Kriegsfuß mit Kühlschränken. Nie ist das drin, was drin sein sollte – ich habe Heißhunger auf was Süßes, renne zum Kühlschrank, gucke rein, was seh ich? Senf, Tiefkühlspinat, Eier. Aus den Eiern könnte ich mir einen Apfelpfannkuchen (mit Zucker und Zimt!) backen, aber im Kühlschrank ist keine Milch. Nie ist Milch im Kühlschrank, wenn man sie braucht, aber wenn man sie nicht braucht, ist sie da, die offene Tüte, wird sauer und muffelt. Dann schmeckt alles nach saurer Milch. Ich stelle den Saft in den Kühlschrank, und wenn ich ihn dann trinken will, ist er zu kalt, und ich lass ihn erst ein bißchen draußen stehen, bis er wärmer wird. Warum ist er zu kalt? Weil ich meinen Kühlschrank viel zu kalt eingestellt habe. Und wieso? Weil sonst das Eisfach oben nicht kalt genug ist, das läßt sich nämlich nicht getrennt voneinander regeln. Entweder ist es oben zu warm und dann unten richtig, oder ... Jaja, kleine dumme Sorgen, ich weiß. Aber dieser Kühlschrank ist so ein blödes Gerät! Groß, weiß, irgendwie muffig, immer brummt er, und angeblich taut er sich automatisch ab – ach, das würde ich ja zu gern mal erleben! Hat er noch nie gebracht, immer muß ich ihn ausräumen, stundenlang offenstehen lassen, mit Kratzern die Eisbrocken losschaben, keine Schale paßt richtig rein zum Wasserauffangen, die Küche wird naß, es ist ein ewiger Kampf zwischen uns, dem Kühlschrank und mir. Wir mögen uns nicht. Was will er? Soll Senf rein? Und angebrochene Meerrettichtuben, gehören die in den Kühlschrank? Und Käse, was ist mit Käse? Warum schimmelt mein Käse im Kühlschrank? Was mache ich falsch? Freunde hüllen den Käse in schöne Leinentücher und legen ihn auf die Kellertreppe, aber die haben auch nicht drei Katzen. Alles, was nicht im Kühlschrank fest verschlossen ist, wird bei uns Raub der Katzen: Also landet vieles in der kalten Kiste, was nicht hineingehört. Oder Marmelade: Läßt man sie draußen stehen, schimmelt sie leicht. Im Kühlschrank hält sie länger, aber wer mag gern eiskalte Marmelade auf dem Frühstücksbrot? Ich nicht. Ich sehne mich nach der Speisekammer, die wir damals zu Hause hatten – ein kühler Raum mit Luftschlitzen und fliegenvergitterten Regalen, in dem man alles wunderbar lagern konnte. Da war die Petersilie auch nach einer Woche noch schön. Tut man Petersilie in den Kühlschrank? Er lockt: Ja, nur hinein ins Gemüsefach, dafür bin ich doch da! Und am nächsten Tag ziehe ich welke, matte Sträußchen heraus, ätsch, sagt der Kühlschrank, falsch eingepackt. Mutter schenkt zu Geburtstagen gern Tupperware, diese netten Plastikdöschen für alles. Grundguter Himmel, sieht das furchtbar aus, diese spießigen weißen Kästchen im Kühlschrank, und man muß immer alle aufmachen, um zu wissen, was drin ist! Oder die Abstände der Einlegeböden – immer falsch. Bierflaschen können nur da stehen, wo aber seit vier Jahren ein angebrochener Martini und ein Genever stehen, die müssen dann solange raus. Da werden sie mal wieder aufgewärmt, und gerade an dem Abend kommt jemand und will einen Martini trinken – und letztlich, ich bin nicht sicher, daß das Licht im Kühlschrank wirklich ausgeht, wenn ich die Tür zuhaue! Der will mich doch ärgern ...   *5/98*

Autowäsche

also . . . neulich wollte ich auch mal eine gute Deutsche sein: Ich habe mein Auto gewaschen. Ich gehöre nicht zu denen, die das regelmäßig jedes Wochenende tun und mit Lauge, Schwamm und Eimerchen ins Grüne fahren, was, soviel ich weiß, verboten ist. Wegen der Umwelt? Oder wegen des starken Verbandes der «Bundesfachgemeinschaft gewerbliche Autowäsche im Bundesverband des Deutschen Tankstellen- und Garagengewerbes (BTG)» – das gibt es nämlich wirklich?

Ich fuhr also zum BTG, will sagen, zur Waschanlage in meiner Nähe, denn mein Auto war nun schon sehr, sehr lange nicht gewaschen worden, und ich hätte gern gewußt, was für eine Farbe es eigentlich hat. Also auf zur nächsten Waschstraße und – ja, und. Und einreihen in die Warteschlange. Ich wußte nicht, wie viele Menschen ihr Auto waschen! Am ersten Tag dachte ich noch an einen Zufall, vielleicht eine indische Hochzeitsgesellschaft oder ein dörflicher Wettbewerb, «unsere Autos sollen schöner werden», und fuhr natürlich sofort wieder nach Hause. Am nächsten Tag war es aber genau dasselbe – eine Warteschlange. Und die war da am Dienstagmorgen, am Donnerstagmittag und erst recht am Freitagnachmittag. Was sind das für Menschen, die an einem Mittwoch um elf Uhr ein – verglichen mit meinem – blitzsauberes Auto waschen? Sind das alles Arbeitslose mit zuviel Zeit? Haben denn Arbeitslose solche dicken Autos? Sind es

Hausfrauen, die etwas Lustiges unternehmen wollen? Sind es Chefs? Schicken sie den Lehrling? Das alles war höchst rätselhaft, und nun mußte ich auch noch zwischen verschiedenen attraktiven Programmen wählen – was nimmt man da? Glanz? Wachs? Unterbodenschutz? Ich hatte an eine einfache Reinigung gedacht ... Die Warteschlange war so lang, daß ich mir die Wartezeit pfiffig schon mal mit Staubsaugen vertreiben wollte. Ging aber nicht – auf den Staubsaugerhof kommt man nur bei Ausfahrt aus der Waschstraße, vorher nicht. Und da jeder saubere Deutsche gute zwanzig Minuten saugt, macht Warten dort nur Sinn, wenn man Staubsaugen für etwas Wundervolles hält. Ich hab andere Hobbys. Der Kassierer machte mir klar, wie ungern er Bargeld nimmt und wieviel ich mit dem Zehner-Münzpaket spare – so was leuchtet mir ein, aber nun sitze ich da mit neun Münzen! Neun Münzen! Lebe ich noch so lange, daß ich noch neunmal mein Auto waschen werde? Oder kenne ich Leute, die sich freuen würden, wenn ich ihnen zum Geburtstag eine Waschmünze schenke? Es gibt bestimmt Menschen, für die eine Fahrt durch die Waschanlage ein köstlicher Freizeitspaß ist. Man legt den Leerlauf ein und fährt durch wirbelnde Bürsten, Wasserschauer, Spritzdüsen und den dschungelwarmen Trockenraum. Vielleicht ist das für viele eine Art Phantasialand für Erwachsene? Ich aber habe meist einen Hund dabei, der einen Koller kriegt in diesem Inferno. Und alles nur, damit mir der Außenspiegel abbricht, die Scheiben schlierig werden und die Nachbarin spitz sagt: «Na bitte, es geht doch!?» Ich gebe zu: Das Auto sieht wieder gut aus. Fährt aber eigentlich genau wie früher. Vielleicht passen die Münzen in die Einkaufswagen im Supermarkt? *6/98*

Was ist Glück?

also ... was ist eigentlich Glück? Ein Sack voll Geld? Mann, Haus, Kind? Der Nobelpreis? Macht sicher alles sehr glücklich. Aber das allein kann es auch nicht sein – mit einem Sack voll Geld kriegt man ein verlorenes Bein auch nicht wieder, und der Nobelpreis heilt keine Migräne. Was ist denn nun aber Glück? Ist es für jeden etwas anderes? Als Kind war man glücklich über ein Geschenk, ein Eis, einen Kinobesuch. Über jedes neue Buch habe ich mich gefreut. Heute werde ich mit Büchern so zugeschüttet, daß ich die Freude am einzelnen Buch mühsam in Einzelfällen konstruieren muß. Und ich habe einen schönen Beruf, nette Freunde, habe Erfolg und bin gesund. Bin ich automatisch glücklich, oder machen mich meine dünnen Haare immer noch so unglücklich wie mit zwanzig? Ach nein, schon lange nicht mehr. Aber ich habe etwas bemerkt: Glück ist kein Zustand. Es gibt glückliche Umstände, glückliche Fügungen, glückliche Zufälle. Glück – das sind Augenblicke. Da kommt ein Moment, in dem gar nichts Besonderes geschieht – man sitzt vielleicht im Zug, sieht hinaus, und man sieht irgendwas, das schön ist oder an die Kindheit erinnert, und auf einmal ist da ein Moment von Glück. Ganz warm wird einem. Alle Probleme sind für einen Augenblick weit weg, die Seele kommt zur Ruhe. Oder der erste Kaffee, das erste Glas Wein im Freien, in der Sonne, mit kurzen Ärmeln, nach dem langen Winter – da ist es wieder, ein unerhörtes Glücksgefühl. Sogar in unglücklichen Situationen stellt es sich ein. Als ich sehr elend krank war und dann endlich im Krankenhaus lag, im weißen Bett am Fenster, eine Infusionsnadel im Arm, eine Krankenschwester neben mir – alle Angst, alle Schmerzen flogen weg bei dem ungeheuren Glücksgefühl: Hier bin ich gut aufgehoben, sie sorgen für mich, mir kann jetzt nichts mehr passieren. Eine Geschichte von Margriet de Moor fängt mit dem Satz an: «Ich war eine glückliche Frau.» Diese niederländische Autorin ist die Weltmeisterin der ersten Sätze! Wer würde hier nicht weiterlesen wollen – warum «war»? Was ist passiert? Wo ist das Glück geblieben? Die Erzählung handelt davon, daß man das Glück nicht merkt, wenn es da ist, sondern erst, wenn man es verloren hat – in der wehmütigen Rückschau. Da ist was dran, und das sollte uns zu denken geben. In Goethes «Faust» sagt Faust zu Mephisto, als sie ihren Pakt schließen: «Werd ich zum Augenblicke sagen: Verweile doch, du bist so schön! Dann magst du mich in Fesseln schlagen, dann will ich gern zugrunde gehn!» Der Mann, der kein Glück mehr empfinden kann, ist bereit, für einen einzigen Glücksmoment seine Seele zu verkaufen. Jeder ist seines Glückes Schmied? Nein, es müssen schon glückliche Bedingungen zusammenkommen, und die haben manche Menschen in ihrem ganzen Leben nicht. Aber selbst wenn man sie hat – das Glück ist wirklich jeweils nur ein Augenblick; oder sagen wir so: Aus der Fülle der aneinandergereihten glücklichen Augenblicke kann es am Ende entstehen, das glückliche Leben. Lernen wir also, sie zu bemerken und sie, wenn sie da sind, ein wenig festzuhalten! *7/98*

Der Kult ums Glas

also ... zugegeben, es sieht imposant aus, wenn man irgendwo zum Essen eingeladen ist, und um den Teller ranken sich vier verschiedene Gläser, eines eleganter als das andere. Panik ist nicht angebracht, man muß einfach nur abwarten, wer was aus welchem Glas trinkt, und das nachmachen. So kann nichts passieren, und man reicht nicht etwa vorlaut den Burgunderpokal, wenn doch gerade die Süßweintulpe angebracht wäre. Auch zugegeben: Gläser sind etwas Schönes, zarte, fragile Gegenstände in verschiedenen Formen und Schliffen, die manchen zum Fetischisten werden lassen. Aber der Gläserkult gerät an gewissen Eßtischen oder in ganz feinen Restaurants, in denen drei Pinguine hinterm Stuhl stehen, um nachzuschenken, wenn man auch nur einen Schluck genommen hat, auch schon mal zur bizarren Manie. Auf dünnen, kaum greifbaren Stielen balancieren die kostbaren Glasgebilde, zum Trinken muß man den Kopf weit in den Nacken legen, sonst stößt man die Nase an, der Griff zur Schüssel wird zum Drahtseilakt – aber in diesen Höhenlagen greift man ja auch nicht zur Schüssel, da wird gereicht und nachgereicht. Nur Banausen trinken den Champagner noch aus flachen Schalen, Kenner nehmen die Flûte, und die darf dann, mundgeblasen oder was weiß ich, mit Golddekor von Hand aufgetragen, ruhig schon mal 530 Mark kosten – nein, die Kolumnistin hat nicht genug Phantasie, um sich diesen Preis für ein Glas auszudenken, der ist recherchiert. Wer traut sich, solche Gläser abzuwaschen? Denn natürlich wäscht man die von Hand, natürlich mehrmals, natürlich poliert man sie mit Großmutters feinstem weißem Aussteuerleinen. Sonst geht es uns wie der netten Dame in der Werbung, und es klappt nicht mit dem Millionär von nebenan. Vorsicht, mit dem kann es auch schiefgehen, wenn Sie nach dem Kerzenlichtdinner die Gläschen für Kern-, Beeren- oder Steinobst verwechseln, weil Sie doch meistens Grappa trinken. Ganz zu schweigen von der Platzfrage für all die Riesenkelche für Bordeaux und Burgunder, Chianti und Chablis. Und die edlen Gläser stellen Sie bitte nicht in Ihren popeligen Holzschrank, Glas nimmt von Holz Geruch an, und was soll dann später der Chardonnay denken? Edle Gläser gehören nun einmal in Metall- oder Steinschränke, die wir ja alle reichlich zu Hause haben, und werden, darüber müssen wir doch wohl gar nicht reden, vor dem Gebrauch bitte erst noch mal gespült. Wieder großmütterliches Linnen! Ach, und das mir, die ich jahrelang meine köstlichen billigen Chiantis aus schönen dicken Wassergläsern vom Flohmarkt trank, standfest neben der Schreibmaschine plaziert. Nun muß ich mich zur Sklavin edler Kelche machen und Mundgeblasenes umschmeicheln – und dann kommen meine Gäste und bechern wie eh und je und bemerken diese ganze Pracht gar nicht. In meinem Schrank (aus Holz!) stehen zwei geerbte uralte venezianische Weingläser mit allen Raffinessen, die man sich nur vorstellen kann: Luftbläschen im Stiel, ein Klang wie ein Glockenspiel, hauchzart. Und nie würden wir daraus trinken, wir lassen sie in der Museumsecke und gucken immer mal ehrfürchig hin. Aber irgendwann, das weiß ich, irgendwann sind sie dran – dann schütte ich meinen einfachen, leckeren Rheingauer rein, setze mich damit vor den Fernseher, und prost! Entweihung muß endlich sein in diesen Zeiten heiliger Gläser! *8/98*

Zerstörte Mythen

neulich saßen ein paar Herren mit Bier und Zigarren vorm Fernsehapparat und schauten sich irgendein Fußballspiel an. (Schon falsch! Als ob es irgendein Fußballspiel gäbe! Jedes ist bedeutend! Es geht immer um die Ehre!) Sie saßen also zusammen und diskutierten über die Fußball-WM in Wembley, damals, als wir alle noch jung waren, als England das umstrittene Tor schoß und damit verhinderte, daß Deutschland verdienter – jawohl! – Weltmeister wurde. Und jetzt? Jetzt hat eine Videoanalyse nach mehr als dreißig Jahren eindeutig ergeben: Es war ein Tor! Deutschland hätte damals Weltmeister werden müssen! Was nun? Die Herren sind sofort für Krieg, beruhigen sich aber dann im Laufe des Abends zum Glück doch wieder, denn es waren die Engländer selbst, die diese Analyse an einer ihrer Universitäten erstellt haben, ihr Glück! Und ich denke nach über zerstörte Mythen. Jeden Mythos kann man heute entzaubern, eine immer raffiniertere Technik macht es möglich. Bald wird uns irgendwer definitiv nachweisen, daß es das Ungeheuer von Loch Ness nicht gibt. Und der Yeti? Spukt er nun mit neun Ellen großen Füßen im ewigen Tibetschnee herum, oder war das letztlich auch wieder nur Reinhold Messner? Ich will's gar nicht wissen. Das Christkind haben sie mir schon ausgeredet, den Osterhasen soll es angeblich auch nicht geben, und daß kein Storch die kleinen Kinder bringt, das habe ich inzwischen selbst herausgefunden. Aber diese Madonna in Italien – die weint doch echte blutige Tränen, oder etwa auch nicht? Und was war mit dem König Ludwig von Bayern? War er wahnsinnig? Hat er im Starnberger See Selbstmord begangen? Hat ihn am Ende doch jemand ins Wasser geschubst? Auch das werden sie irgendwann aufklären und den Märchenkönig entzaubern – ausgerutscht ist er wahrscheinlich, weil er die falschen Schuhe anhatte, so trivial wird's dann gewesen sein. Der Mythos Diana ist gerade neu dazugekommen. Zu ihren Lebzeiten wurde sie so glühend nun wieder nicht geliebt, die magere englische Blondine mit dem scheuen Blick. Aber kaum war sie tot – was für ein weltweites Interesse! Unsere Blume haben wir verloren, unsere schönste Rose, das Licht der Welt, und, nein, das kann kein einfacher Unfall gewesen sein, da war gewiß der Geheimdienst im Spiel, wer weiß, gar Mord? Auch das werden wir herauskriegen, irgendwann, jedes Rätsel läßt sich heute lösen, und sei es, indem man irgendwo einen Tausendstelmillimeter von einer Faser findet, der an dieser Stelle gar nicht sein könnte, wenn nicht … Der Spitzfindigkeiten sind viele. Wir wissen, was unterm Packeis ist, wie alt Ötzi ist und daß im Weltraum kein Mann im Mond lebt. Keine Chance für Märchen und Mythen – dabei brauchen wir doch unsere Mythen so sehr! Wir wollen, daß Leonardo DiCaprio der wiedergeborene James Dean ist, und wenn auch nur für ein Jahr. Das sind dann eben Instantmythen, damit verdrängen wir die Angst vorm Klonen, vor Genmanipulation und vor Schweineohren an Menschenköpfen. Und vielleicht wird ja auch der Mythos der zweiten, in der Waschmaschine verschwundenen Socke aufgeklärt: Sie steckt im Kissenbezug. *9/98*

Exotisches und Hausmannskost

also ... neulich stand in einem besonders großen und reich sortierten Supermarkt eine kleine alte Frau neben mir und guckte zu, wie ich Avocados aussuchte. «Entschuldigen Sie», sagte sie dann schließlich, «was ist das?» – «Das? Avocados», sagte ich, und sie fragte: «Und was ist das, Avocados? Obst oder Gemüse?» Ich wußte es auch nicht so genau. «Äh, so dazwischen», sagte ich, «vielleicht eher eine Art Gemüse.» – «Wie ißt man das?» wollte sie wissen. Ich erklärte ihr, daß man aus dem Fruchtfleisch (Frucht? Obst?) ein grünes Mus machen könne, man könne die Avocados aber auch aufschneiden, den dicken Kern entfernen, Zitrone in die beiden Hälften träufeln, Pfeffer und Salz dazu – «Zitrone mit Pfeffer und Salz?» fragte sie erstaunt. «Ja», sagte ich, «macht man doch bei Salatsoße auch manchmal.» – «Nein», wehrte sie entschieden ab, «wenn ich Salat mit Zitrone mache, dann kommt auch ein bißchen Zucker dran. Pfeffer und Salz nehme ich nur bei Essig und Öl.» Ich gab ihr irgendwie recht. «Schmeckt das?» wollte sie wissen und zeigte auf das grüne Ei. «Mächtig gut», nickte ich, und sie ließ gar nicht locker. «Wann essen Sie so was, als Nachtisch oder vor dem Essen?» – «Eher vorher», sagte ich, und sie kam noch näher. »Woher wissen Sie das alles?» fragte sie. Ja, woher weiß ich das? Aus dem mexikanischen Restaurant, von Freunden, von Reisen. Sie seufzte. «Wissen Sie, ich steh hier oft an den Obst- und Gemüseständen und habe keine Ahnung, wie die Sachen heißen, wie man sie ißt, ob man sie kochen muß und wie, und nie ist jemand da, der es einem erklären könnte. Die Verkäuferinnen wissen es doch auch nicht. Das da zum Beispiel», sagte sie und zeigte auf gelbe Sterne, «das kennt niemand. Sie verkaufen es hier, und keiner weiß, was das ist. Wissen Sie es?» – «Karambolen», sagte ich vorsichtig. Ich war einmal in der Karibik, da schmeckten die gelben Sterne frisch und wunderbar, hier in Deutschland sind sie so wäßrig wie die meist unreif geernteten Ananas, im Grunde eignen sie sich nur zur Dekoration. Die kleine alte Frau war ratlos. «Das da», sagte sie, «was soll das sein? Kirschen mit Stacheln?» Ich versuchte ihr zu erklären, was Lychees sind und daß man sie einfach auspellt, wie gekochte Eier. Wir stibitzten eine, ich pellte, sie steckte sie vorsichtig in den Mund – ich stand Schmiere, daß niemand guckte. «Vorsicht», warnte ich, «dicker Kern!» Sie lutschte, spuckte den Kern in ihre Hand, staunte. «Schmeckt nicht schlecht», sagte sie, «aber soviel Getue wegen so wenig Fleisch und so einem dicken Kern? Da sind Kirschen doch vernünftiger, oder?» Ich hatte über Kirschen unter diesem Aspekt noch nie nachgedacht. «Sagen Sie mal», fragte ich nun und zeigte auf etwas Grünes. «Was ist das denn, das wissen Sie doch sicher?» – «Oh», strahlte sie, «das ist Mangold, ein wunderbares Gemüse, man kocht es etwa wie Spinat, es schmeckt aber viel besser.» Wir mußten beide lachen. «Sehen Sie», sagte ich, «Sie kennen die neumodische Exotik nicht, und ich kenne Großmutters Gemüsesorten nicht mehr. Ich wüßte nicht, wie man aus Weißkohl Sauerkraut macht.» Sie erklärte es mir, und ich beschrieb ihr dafür, wie man Mangos und Kiwis ißt. Und da machen wir Witze über die Ostdeutschen, die beim Fall der Mauer angeblich Salatgurken nicht von Bananen unterscheiden konnten! *10/98*

Alles Betrug!

also ...

warum wird man eigentlich in der Regel überall betrogen? Nicht wirklich schlimm, aber immer so ein
bißchen. Da kauft man auf dem Markt zehn Apfelsinen, und siehe da: Eine ist matschig, vom Verkäufer geschickt in die Tüte geschummelt. In dem
Schälchen Erdbeeren sind garantiert ganz unten
zwei schimmelige. Und es kann völlig schiefgehen,
wenn man Blumen bestellt und nicht an Ort und Stelle
selbst aussucht – immer sind ein paar welke Ladenhüter,
viel füllendes, wertloses Gestrüpp oder eine gelbe Scheuß-
lichkeit mit Draht im Stiel dabei, die man gewiß nicht
haben wollte. Langstielige rote Rosen! Was soll das, diese
überlangen Stiele? Nach zwei Stunden schon lassen die
Rosen die Köpfe hängen, und eine im Strauß hatte gar keinen Kopf, nur einen Stiel. Gut gemacht, Verkäuferin!
Wenn man nicht beim Einkaufen immer und immer höl-
lisch aufpaßt, kriegt man zu vier frischen Brezeln eine alte
gemogelt, und ich bin auch oft selbst schuld. In vielen
Kaufhäusern kann man Glühbirnen, die man kauft, kurz
testen. Ich bin eilig, ich hab keine Lust zum Test, ich
denke: Wird schon gehen. Ja, Pustekuchen. Geht eben genau nicht, zu Hause zeigt sich: Die Birne ist kaputt. Fahren Sie wegen einer defekten Glühbirne noch mal zurück
in die Stadt, ins Parkhaus, in den vierten Stock? Schön
auch die Freuden im Lebensmittelladen, wenn das Preis-
schild exakt auf dem Verfallsdatum klebt, aber das merkt
man erst zu Hause und ätsch, das Verfallsdatum war ge-

rade gestern. Oder Minen für Tintenroller – erst paßt keine, dann findet man endlich die richtige, dann schreibt man damit einen Tag und zack, leer. Ausgetrocknet. Wem will man die nun an den Kopf werfen? Und warum sind Faxrollen und Kugelschreiberminen nicht genormt und man kauft immer die falschen? Warum weiß ich nie, welche Staubsaugerbeutel ich brauche? Aber das ist wieder ein anderes Problem. Nur wenn ich die (falschen) Staubsaugerbeutel, die (falschen) Kaffeefilter und die Apfelsinen (mit der matschigen), die Erdbeeren (mit den schimmeligen) und die Zwiebeln (mit den drei faulen) in die Plastiktüte stecke und nach Hause tragen will – warum reißt dann der Tragegriff? Zur Strafe. Weil ich kein Jutetäschchen dabeihabe. Jaja.

Warum aber sehe ich nicht schon im Geschäft, daß an der Bluse, die ich kaufe, ein Knopf fehlt? Und warum geht mir der Reißverschluß von der neuen teuren Samthose, ratsch, beim allerersten Anziehen kaputt? Ist das nur Pech, oder hab ich mir da wieder was andrehen lassen? Und hat mir der junge Herr an der Theaterkasse extra und nur um mich zu ärgern die Karte hinter den beiden Riesenkerlen verkauft, so daß ich nun wirklich nichts sehen kann? Und wenn ich vier Kisten Wein bestelle und davon haben fünf Flaschen einen Korkgeschmack – was mach ich da? Schicke ich fünf offene Flaschen nach Rheinland-Pfalz, und wenn ja, wie? Wenn ich den Winzer anrufe, sagt er: «Kann ja gar nicht sein.» Pah, kann aber doch. Freunde, wir sind gegen Alltagstücken nicht gefeit. Es gehört dazu, betrogen zu werden. Rächen wir uns doch ein bißchen, wenn wir einen kleinen Kratzer auf dem teuren Lederkoffer finden und ihn dafür sehr viel billiger kriegen. Schmerzensausgleich nennt man das.   *11/98*

135

Brad Pitt oder Keith Richards?

also ... es gibt, haben wir neulich festgestellt, eigentlich nur zwei Arten von Frauen – nein, nicht dicke oder dünne, alte oder junge, hübsche oder häßliche, blonde oder brünette. Alles nicht so bedeutend. Aber man kann die Frauen einteilen in die, die auf Brad Pitt stehen (ja: wahlweise Leonardo DiCaprio oder auch Tom Cruise), und in die, die alles für Keith Richards gäben (ja: wahlweise Robert De Niro oder Jack Nicholson). Dazwischen ist nichts – denn das sind grundsätzliche Weltanschauungen. Brad Pitt ist dieser wahnsinnig sympathische Blonde, der heute das ist, was mal Robert Redford war: Diese blauen Augen! Dieser mädchenhafte Blick! Dieses wehe Lächeln unter dem blonden Pony! Diese irgendwie weibliche Ausstrahlung im dennoch markant männlichen Gesicht. Brad Pitt ist klein, kräftig, kompakt, wird als sexy gehandelt und riecht sicher ganz wunderbar. Ich stelle mir seine Haut gepflegt und rosig vor und seine Fingernägel ordentlich gefeilt. Er wird immer frische Wäsche und frische Socken tragen, er wird in blütenweißen Betten schlafen und vor dem Schlafengehen duschen und dann gleich am nächsten Morgen auch noch mal. Die Schwiegermutter möchte ich sehen, die nicht vor Glück in Ohnmacht fällt, wenn ihre Tochter mit Brad Pitt ankommt – und abends weint sie in die Kissen, weil sie so was Schönes auch gern mal gehabt hätte. Brad Pitt als Schauspieler wollen wir jetzt einfach mal vergessen.

Das ist nur insofern wichtig, als wir ihn nicht kennengelernt hätten, wenn er nicht Schauspieler geworden wäre, und für die Herrenwäschewerbung war er wohl einfach zu schön. Und nun zu Keith Richards. Das ist der ältere Herr, der bei den Rolling Stones immer noch im Spagat die Gitarre mißhandelt, er muß irgendwo zwischen 50 und 70 Jahre alt sein, sieht aber gern wie 100 aus. Sein speckiges Haar ist grau geworden, seine Zähne sind schlecht, seine drogen- und alkoholgeschüttelte Figur ist ausgemergelt, seine Haut faltig wie ein alter Koffer. Seine Hände sind ungepflegt, und er trägt (gleich nach Helmut Kohl und Mick Jagger) die unmöglichsten Klamotten, die es gibt: Tigerjacken! Flatterhemden! Röhrenhosen! Leopardenstiefel mit hohen Absätzen! Der Mann trägt dicke Ringe und hat in seinem Leben nichts anbrennen lassen. Wer den mit nach Hause bringt, riskiert, daß Vati noch in derselben Nacht die Türschlösser am Eigenheim auswechseln läßt. So, und diese beiden Jungens werden – ich hab es selbst gelesen – in der Presse jeweils als «sexiest man alive», also der attraktivste Mann unter der Sonne, gehandelt. Und jetzt sind Sie dran. Denken Sie jetzt einfach mal für einen Augenblick, daß Sie wählen müssen, weil es auf der ganzen weiten Welt nur noch diese beiden Männer gibt. Einen davon müssen Sie – na? Na? Ja, Freundinnen, das ist die Stunde der Wahrheit, hier teilen wir uns nämlich in die Brad-Pitt- und die Keith-Richards-Fraktion, und dazwischen ist nur noch der unüberbrückbare Abgrund. Und das ist keine Frage von alt, dick, blond, jung, schön oder doof. Das geht direkt durch Herz und Nieren. – Puh! War alles nur ein Gedankenspiel. Natürlich ist und bleibt der Karlheinz, den wir zu Hause haben, der Beste. Aber man wird ja noch mal träumen dürfen. Die Kolumnistin zum Beispiel würde mit Brad Pitt nicht einmal Sandkuchen backen wollen. *12/98*

Über den Wolken

also ... so ganz alltäglich ist das Fliegen ja denn doch noch nicht, auch wenn fast alle mittlerweile schon mal in irgendeinen Urlaub geflogen sind, auch wenn Geschäftsleute beinahe wöchentlich, Politiker oft täglich unterwegs sind, Oma schon mal von Hamburg nach München zum Enkel fliegt – wir alle kennen es, wie das ist, in die fliegende Kiste zu steigen, und es ist nie so ganz Routine wie etwa beim Auto- oder Zugfahren. Wie denn auch, es ist ja schließlich alles viel unbequemer. Gut: Man reist schneller, dafür aber auch teurer. Doch nirgends muß man so lange vorher da sein, sich in so viele Warteschlangen einreihen, bis man dann endlich auf einem elend engen Platz höchst ungemütlich sitzt. Und bis man in der Luft ist! Manchmal scheint es, als würde die Maschine bis in die Kölner Innenstadt rollen und nie mehr abheben. Bei der Landung: Geholper und Gewackel und dasselbe Gedrängel in Gang, Bus, am Paßschalter wieder rückwärts. Dafür kriegt man zwischendurch ein Gläschen Saft oder Wein und, wenn man Glück hat, ein lappiges Bütterchen, und wie im Supermarkt, wo eine unsichtbare Stimme uns die Sonderangebote mitteilt, schwatzt auch hier der Pilot vor sich hin, wenn wir gerade ein Nickerchen machen wollen, nur um uns zu sagen, daß links Osnabrück ist, daß in Hamburg die Sonne scheint und daß wir 7000 Meter hoch fliegen. Rasend interessant. Und wie im Supermarkt werden wir bei Start und Landung mit Musik bedudelt, die akustische Pest allüberall. Ansonsten ist es schön, im Flieger das Publikum zu beobachten. Man erkennt sofort die Geschäftsreisenden, die viel fliegen – sie sitzen in der Business Class und lesen von Anfang bis Ende. Da sitzen auch die VIPs, und dann gibt es noch Möchtegern-VIPs, die sofort, aber SOFORT Sekt wollen und bis zuallerletzt auf ihrem Handy telefonieren. Die Wenigflieger kommen zögernd, finden ihren Platz nicht, sind todtraurig, wenn sie nicht am Fenster sitzen, und erzählen sofort ihrem Nachbarn: «Ich fliege nach München, zu meinen Enkeln.» Auch Touristen erkennt man gut – sie sind in Urlaubsstimmung, tragen gern kurze Hosen, den Fotoapparat um den Hals, und oft kleidet Mutti oder Vati der gleiche leuchtendrote Anorak, und bei der Landung wird schon mal geklatscht. (Bei Urlaubsende erkennt man sie am Sombrero oder am spanischen Fächer, natürlich auch an der Gesichtsbräune.) Dann gibt es die Gruppe der ewigen Nörgler – nein, hier möchten sie nicht sitzen, nein, der Kaschmirmantel soll nicht ins Gepäckfach, da wird er zerdrückt, nein, diese Tasche geben sie nicht aus der Hand, und der Sekt, der an Bord gereicht wird, ist auch nicht ihre Marke. Ganz glücklich dagegen: die Sammler, die schon beim Einsteigen aus dem kleinen Fach links einen Stapel Postkarten mit Boeing-Motiven mitnehmen, sodann das Plastikgeschirr, Pfeffer-und-Salz-Päckchen, eingeschweißte Pralinen und die Kotztüte in ihre Aktentasche stecken, wird alles gesammelt! Und mitten unter ihnen: ich. Relative Vielfliegerin, immer Angst bei Start und Landung, immer Wut auf die Musik- und Ansagestörungen, und immer gucke ich aus dem Fenster und würde gern – einfach so – nebenherfliegen, mit dem Kopf wirklich durch die echten Wolken. *13/98*

Über die Faulheit

schon wieder ein Artikel in einer Zeitung, der mich harsch auffordert: «Steigern Sie Ihre kreative Energie!» Ich will aber nicht! Ich will nicht noch kreativer werden! Ich will endlich faul sein! Aber genau das haben wir verlernt: das Nichtstun, das Herumhängen, das Faulsein. Und tut es doch einer, ist er für uns ein Penner, ein Underdog, eben ein Faulpelz, und wir gucken ihm allenfalls heimlich neidisch hinterher. Wir arbeiten! Wir arbeiten an unserer Karriere, an unseren Beziehungen, an unserem Körper. Wir gestalten unsere Wohnung und stylen unser Leben, wir sind schließlich nicht mehr im Biedermeier, wo die Seele sich in die Höhe schwingt, und die Hippies der 6oer Jahre sind längst in die Leistungsgesellschaft integriert. Von nichts kommt nichts. Und nicht nur leisten sollen wir, sondern eben auch kreativ sein – eine Studie, die mit kreativen Persönlichkeiten durchgeführt wurde, rät: Beginnen Sie unbedingt jeden Tag mit einem konkreten Ziel. Ob das ein Theaterbesuch ist oder der längst überfällige Fensterputz, egal; Hauptsache, ein Ziel, und das Ziel muß erreicht werden, dann stellt sich Freude ein, und Freude ist Lebensqualität. Wenn ich aber nun heute einfach mal kein Ziel haben und nur so vor mich hin träumen möchte? Kein Problem, sagt die Studie, läßt sich kurzfristig durchaus mal machen, denn gerade in der Entspannung kommen oft die besten Ideen, zum Beispiel unter der Dusche oder einfach so beim Spazierengehen. (Wenn sie nicht kommen, muß ich demnach sofort schon wieder ein schlechtes Gewissen haben, weil ich so unkreativ bin.) Forderte nicht ein Teil der Linken nach 68 das Recht auf Faulheit? Die Gesellschaft sah damals und sieht heute verächtlich auf solche «arbeitsscheuen Spinner», und sie sieht nicht nur verächtlich auf sie, sie grenzt sie aus. Für solchen Schnickschnack haben wir im Arbeitszeitalter keine Nerven mehr. Kontemplation ist nicht angesagt, Zeit ist Geld, Geld ist wichtig, also melden Sie sich bitte umgehend an zu den unsäglichen Kursen, die zum Beispiel in Köln eine ehemalige Moderatorin gibt: Noch mehr freie Zeit für noch mehr Kreativität. Wir sind Leistungssportler in Sachen Arbeit geworden und durcheilen unser Leben in 10,0 Sekunden. Hier und da ein wenig – aber sinnvoll ausgefüllte – Muße, damit es danach wieder um so besser geht mit dem Traben. Genießen haben wir nicht gelernt, und Faulsein ist moralisch verwerflich und ökonomisch gefährlich: «Wenn das jeder täte …» Elke Schmitter schrieb vor Jahren in der «taz»: «Die größte Angst, die dieser Gesellschaft im Nacken sitzt, ist nicht die vor der Revolution, der Stürmung der Barrikaden in Bonn, Berlin und Brüssel … Die größte Angst ist die, wir alle könnten uns auf der Ottomane lagern, ein Buch in der Hand, das uns langsam aus den Händen gleitet, neben uns ein Glas Wein, und so gemütlich unsere Rente verzehren, alles verfrühstücken, wie der Konsul Döhlmann aus den Buddenbrooks.» Damit das nicht passiert, werden wir umworben mit kreativen Tips bis ins Internet, creativity web. Müßiggang ist aller Laster Anfang! O nein. Er ist das reine Glück. Und darum: Schluß jetzt mit der Kolumne, endlich faul sein … *14/98*

also ...

früher standen bei mir Schälchen mit Bonbons herum, immer lag eine Tafel Schokolade auf dem Schreibtisch, um Weihnachten herum kein Tischchen ohne Marzipankartoffeln, Ostern waren es Schokoladeneier, im Sommer Erfrischungsstäbchen, im Winter Cremehütchen. Ja, ich oute mich: Ich nasche gern. Aber man wird ja älter und dabei nicht unbedingt schlanker. Und daß Süßes nicht gesund ist, lesen wir täglich, auch schicken die Zähne mitunter Signale, und die Blutwerte sind nicht so, wie der Doktor sie gern hätte. Hinweg also von Schreib- und Nachttisch mit den süßen Schälchen! Auch beim abendlichen Fernsehen werden keine Zuckerplätzchen mehr geknabbert, sondern gesunde Nüsse und ungeschwefelte Aprikosen. Aber, das werden Sie ja wohl zugeben, man braucht doch ein paar Kekse, ein wenig Kuchen auf Vorrat, falls plötzlich Besuch kommt! Und mal etwas Süßes zum Nachmittagstee knabbern – das muß möglich sein, welchen Spaß würde das Leben sonst denn noch machen? Also habe ich eine Naschschublade eingerichtet. (Für Einbrecher: Es ist die dritte von oben.) Oben: Besteck; zweite Schublade: Haushalts- und Alufolie, Schere, Mülleimertüten; dritte Schublade: Kekse, Zitronenrollen, Marzipanherzen, Malzbonbons, Schokolade, Negerküsse. (Moment, ich muß mal eben in die Küche, dritte Schublade von oben.) Ich hole immer nur ein Stückchen Schokolade, eine Praline, ein kleines Eckchen Marzipan, dann zurück an die Arbeit. Nach einer halben Stunde stehe ich wieder auf, tu so, als würde ich ins Bad schlendern, um nachzusehen, ob die Nase noch im Gesicht ist, und mache zack, den nächsten Abstecher zur Naschschublade. Sie leert sich. Beim Einkauf verkneif ich mir die Süßwarenecke, ich geh nur ganz kurz hin, weil ich ja die Naschschublade auffüllen muß, ein bißchen Joghurtschokolade, die macht ja geradezu schlank, ein paar leichte Riegel für zwischendurch, die Bonbons, von denen ich gleich zwei nehmen soll, die mit einer Extraportion Milch – ja, die Werbung tut ihr Bestes, um uns einzureden: Naschen ist gesund, Sie müssen nur das Richtige nehmen, und das Richtige, das ist natürlich nur unser Produkt. So füllt sich die Naschschublade, und so leert sie sich auch wieder, und es war lange kein Besuch da, dem ich eine Zitronenrolle hätte anbieten könen, aber verschimmeln soll sie ja auch nicht, hinein damit in den gierigen Rachen. Ich kann's nicht lassen. Süßes hebt die Laune, und wenn ich es schon nirgends in der Wohnung mehr drapieren darf und jedesmal eine Wanderung und eine Anstrengung unternehmen muß, um mir ein kleines Stückchen davon zum Glück zu holen, dann will ich wenigstens beim Griff in die dritte von oben nicht enttäuscht werden. Immerhin stehe ich jedesmal auf dafür, muß mich jedesmal bewegen, ein paar Schritte gehen – kann man Naschsucht und Körperertüchtigung, Beherrschung und Lust schöner miteinander in Einklang bringen? Ich biete Ihnen, liebe schokoladensüchtige Leserin, meine Lösung an: die dritte von oben.   *15/98*

Volle Schränke

also ... ich merke schon, am liebsten lesen Sie immer die Themen, die mitten aus dem Frauenleben kommen, zumindest, liebe Leserinnen dieser Kolumne, machen die meisten von Ihnen mir in genau dieser Richtung immer wieder Vorschläge. Das zeigt: Er treibt uns um, der Frauenalltag mit seinen kleinen bösen Tücken. Eine davon heißt Kleiderschrank. Keine Frage: Der Kleiderschrank ist voll. Er ist mehr als voll, er platzt. Die Sachen hängen dreifach übereinander, und wir stehen davor und wissen: Das meiste davon zieh ich nie wieder an, und in diesem Herbst darf ich mir mal wirklich nichts, nichts Neues kaufen. Aber das ist das Fatale: Manchmal muß man was Neues kaufen, weil die Seele es braucht, weil das neue Blau so umwerfend ist, weil man chic und up to date sein will. Aber der Schrank! Der Schrank hängt doch voller Sachen in prima Qualität, alles noch wie neu, nur nicht mehr ganz so modern. Wohin damit? Einen Teil kriegen Freundinnen, denen das paßt und die sagen: Was? Dieses herrliche grüne Samtkleid? Das hast du doch höchstens dreimal angehabt, warum willst du das nicht mehr haben? Weiß ich nicht. Weil irgendwas daran nicht stimmt, weil der Liebste kein Glitzern in die Augen kriegt, wenn ich es trage, weil der Tag, an dem ich es kaufte, kein guter Tag war. Nimm es mit, Helga. Trag du es. Und immer, wenn ich Helga darin sehe, gibt es mir einen Stich: So ein schönes Samtkleid. All die Jacketts, Blusen, Pullover – gut: Es gibt karitative Organisationen.

Hinein damit also in die Kleidersäcke. Aber dies hier hat mal 800 Mark gekostet, könnte ich nicht in einen Secondhandladen gehen? Ich komm mir blöd dabei vor, sie nehmen es nur auf Kommission, ich muß dauernd wieder nachfragen, ob es verkauft ist. Sich auf den Flohmarkt stellen? Mit in den Urlaub nehmen und im Hotel liegenlassen? In die Kochwäsche schmeißen und gucken, ob sich das Problem auf natürliche Weise erledigt? Früher, ja früher hatte man auf dem Speicher alte Truhen, in denen Perlentäschchen, Spitzenkrägelchen, raschelnde Seidenröcke und Hüte mit Pfauenfedern aufbewahrt wurden. Heute haben wir nicht einmal mehr einen Speicher. Und so antik sind meine Klamotten eben nicht – sie sind gute Qualität von 1985 bis 1997. Was tun damit? Ich könnte mich auch bei Gartenarbeit, Hausputz und einfachem Tageseinkauf gut anziehen damit. Und greife zu Jeans und T-Shirt, wie immer. Wenn ich wenigstens nähen könnte! Aus alten Kleidern kann man doch prima Sofakissen machen, aber ich kann kein prima Sofakissen machen, und, letztlich, wie viele prima Sofakissen braucht man? Ich stöhne oft über mein ewig langweiliges Leben am Schreibtisch. Wie wär's denn, wenn ich mir statt dessen einen netten kleinen Laden mieten und da Blusen, Schuhe, Hüte, Handtaschen, Schals verkaufen würde, die ich nicht mehr trage? Ich weiß schon, wie es kommt: Da sitze ich dann mit drei Freundinnen und trinke Kaffee und leckere Schnäpse, und jede bringt mir auch noch einen Sack Klamotten vorbei. Denn wenn ich Ihren Briefen trauen kann, sind fast alle Kleiderschränke in diesem Land zu voll. Und schon in diesem Heft ist wieder Mode, die mich lockt. Da hilft nur strenge Askese. *16/98*

Vom wahren Leben

also ... die Kleinanzeigen in den Zeitungen sind das wahre Leben. Hinter jeder Anzeige eine Geschichte, ein Schicksal, begrabene Träume, tapfere Hoffnungen. Hier verstecken sich die Geschichten, die ich gern schreiben würde. Nein, nicht die von dem Mann, der meinen Elektrodurchlauferhitzer entkalken will, auch Bauchtanz könnte ich mir beibringen lassen, ohne meine Phantasie zu strapazieren. Aber schon die Alleinunterhalterin mit Orgel, die noch Termine frei hat, wie lebt sie? Mit wem? Warum hat sie freie Termine? Wie unterhält sie? Wer unterhält sie? Und warum sucht der Ehrenfelder Karnevalsverein neue Mitglieder, woran liegt es, daß der Nachwuchs nicht mehr so komisch sein will wie die Väter? Sie haben Aknenarben? Pickel? Dann Kräutertiefenschälkur, bitte anrufen. Wer kommt auf die Idee, einen Lebenshilfedienst für Leute mit Pickeln einzurichten? Liegt man irgendwann abends arbeitslos im Bett, und dann fällt einem ein: Ich könnte Kräutertiefenschälkuren für Opfer mit Aknenarben anbieten? Einige Menschen haben Einfälle, andere nicht. Die mit den Einfällen sind schon da, wenn die anderen noch grübeln: Sie suchen eine außergewöhnliche Geschenkidee? Wir machen Heißluftballonfahrten, wir besorgen jede Zeitung vom Tag Ihrer Geburt, Sopranistin singt für Sie privat, wir vermieten Ihnen eine Hüpfburg, und Mona aus dem Orient führt auf Ihrem Geburtstag Tänze aus 1001 Nacht vor, bei Aufpreis auch unbekleidet. Was ist los mit Mona? Hat sie sich das selbst ausgedacht? Was macht sie, wenn sie über vierzig ist? Menschen bieten an, Dienste, Ideen, sich selbst. Andere suchen, Dienstleistungen, Thrills, Kicks. Die Kleinanzeigen sind ein Tummelplatz für Existenzen der sonderbaren Art am Rande. Ich bekomme Lust, mir einen weißen Rolls-Royce auszuleihen, mich im Brautkleid, nie getragen, billig abzugeben, vom preiswerten Klavierstimmer durch die Gegend fahren zu lassen, während mir die Alleinunterhalterin aus dem Fingernagelstudio eine Wimperndauerwelle verpaßt und mir aus der Zeitung vom Tag meiner Geburt vorliest. Danach wird eine Sopranistin bei Kerzenlicht für mich singen, und ich werde mit dem Phantom speisen, das sich hinter der Chiffre zur Anzeige «Sinn des Lebens? Nur Jesus» gemeldet hat. Arabella Kiesbauer kurbelt, seit sie angeschweißtes langes Haar hat, nicht nur den Anzeigenmarkt für Rastalocken und dichtes langes Haar an, sondern auch den für Monstrositäten der menschlichen Art: Dicke Zwillinge für Sendung gesucht! Sind Sie öfter als dreimal geschieden? Bitte melden. Tierquäler? Sonstwie Perverser? Mit vierzehn auf den Strich? Rufen Sie uns an! Und damit Publikum als Klatschzubehör in solche Sendungen strömt, bietet die TV-Publikumsorganisation GmbH ihre Fahrdienste zu Jeopardy und Fliege an. Kleinanzeigen spiegeln genau die Welt, in der wir leben, eine Welt aus Luxus und Armut, Überfluß und Not. Die Phantasie der Arbeitslosen und die Rücksichtslosigkeit der ewig Ausbeutenden stehen kleingedruckt nebeneinander, und wer das alles zu Ende denkt, wird leicht verrückt. Wer gar nicht weiterweiß, flieht dann zur tantrischen Massage oder verkauft alles: «Verkaufe alles», stand neulich zu lesen, und ich schließe die Augen und denke an die Wand in der Berliner Uni, auf der in den wilden Sechzigern zu lesen war: «Schafft alles ab.» Komm, Mona, tanz mir nackt den Ali Baba.   *17/98*

Was ist Kult?

also ... was Kultur ist, wissen wir. Oder? Käme ich jetzt in Erklärungszwang, wäre ich arg bedrängt, aber wir könnten uns doch immer irgendwie einigen: Kultur hat im weitesten Sinn mit der Pflege von Körper und Geist zu tun, und Kultur steht im Gegensatz zu Natur. Das gäbe eine schöne Diskussion, und am Ende könnten wir einen gemeinsamen Kulturbegriff umreißen. Was aber ist Kult? Was macht Bücher, Filme, Figuren zu Kultbüchern, Kultfilmen, Kultfiguren? Da wird die Sache schon weitaus komplizierter und muß vor allem zeitgeschichtlich gesehen werden: Goethes «Werther» könnte heute kein Kultbuch mehr werden, löste damals aber wahre Selbstmordwellen aus. «Casablanca» ist Kult, James Dean ist Kult, das Musical «Hair» ist Kult. Manchmal entsteht ein Kult sofort, manchmal erst im verklärten Rückblick. Wir leben in einer Zeit, in der Guildo Horn und Verona Feldbusch als Kult gelten, und da wird mir dann schon ordentlich schlecht. Aber damit muß ich leben: Kult ist immer nur etwas für eine begrenzte Fangemeinde, es ist eben nichts für die große Masse, sondern für wenige Eingeweihte, für Kenner, für Schwärmer des Besonderen. Was ist an Guildo Horn Kult? Er ist häßlich, er singt scheußlich, er konfrontiert uns mit Nußecken, Schweiß und Kitsch. Das stellt ihn außerhalb der Schlagersängernorm – Schlagersänger hatten früher gefönte Innenrollen, Glitzeranzüge, braungebrannte Brust mit Goldkettchen und nette Lieder. Guildo

tobt, schwitzt und schreit, er ist eklig und Kult, und
Verona stellt jeden Blondinenwitz in den Schatten, kann
keine zwei Sätze hintereinander vom Teleprompter ablesen und ist Kult. «Werner» ist Kult («Das muß kesseln!»).
Das «kleine Arschloch» ist Kult, ist «Ballermann 6» auch
schon Kult? Wenn wir jetzt fragen würden, ob das deutsche Volk allmählich verblödet, wenn es solche Kults kre-
iert, dann wäre das zu einfach gefragt. Die Antwort
könnte nur ja lauten. Wir müssen fragen: Was ist los, wenn
uns so was plötzlich gefällt? Vielleicht führt ja eine gerade
Linie von Heinz Erhardt über den frühen Otto und
Loriot zur RTL-Comedy-Nacht und Harald Schmidt,
und rechts und links daneben (eher rechts) tummelt sich
Kult auf Sonderwiesen. Hier Karl Dall für Doofe, da
Christoph Schlingensief für die Klügeren. Und in der
Mitte wir, ratlos vor den 36 Programmen unseres Fern-
sehers, die sich darin überbieten, uns einzufangen, festzuhalten, zu unterhalten. Neben all den Schreckensmel-
dungen, Katastrophen, Kriegen hat der anspruchslose
schnelle Witz Übergewicht – befreiendes Gelächter, und
ein Kult ist geboren. Daß es auch noch der Kult gnaden-
loser Häßlichkeit ist, ist ein Sonderphänomen. Die Haar-
schnitte und Klumpenschuhe vieler zarter junger Mädchen, die sich bewußt verunstalten und zerpiercen, passen
dazu. «Die Wirklichkeit, die Wirklichkeit trägt wirklich
ein Forellenkleid», sang André Heller vor vielen Jahren.
Die Wahrheit ist: Wir sind unsicher, stecken in der tiefen
Krise des Gefühls, trauen unserem eigenen Urteil nicht
mehr und brauchten dringend mal «Selbstdenken» als
Kult. Dagegen hätten Guildo und Verona, Werner und andere Arschlöcher keine Chance. Nußecken sollen, von
mir aus, bleiben. *18/98*

Die Liebe ist eine Baustelle

also ...

neulich hatte ich eine Lesung vor Studenten. Ich las eine alte und eine neue Liebesgeschichte, eine traurige und eine komische, und hinterher kamen Fragen. «An was schreiben Sie jetzt?» Immer an Liebesgeschichten, weiß der Himmel, warum mir alles in diese Richtung gerät – aber letztlich handelt, glaube ich, alle Literatur nur von diesen beiden Themen: Liebe und Tod. Die Studenten wollten nun über die Liebe mit mir diskutieren. Er sei, sagte einer, immer nur enttäuscht von der Liebe. Erst gebe es Versprechungen und Schwüre und Küsse, und hinterher sitze man wieder allein da. Auf die Liebe, klagte er, sei kein Verlaß – sie sei einfach nicht von Dauer. Ja. Da hat er recht. Weil die Liebe kein Projekt ist, sondern eine ewige Baustelle. Wenn man sich auf sie einläßt, hat man alles inklusive: die Schmerzen und das Glück, Tränen und Lachen, durchweinte und durchliebte Nächte, das Kribbeln am Anfang und das Frieren am Ende. Ja: Das Ende kommt irgendwann, fast immer, denn die Liebe ist keine stabile Bank, keine Institution, in der man sich einrichten kann. Und trotzdem: Ohne Liebe ist alles nichts, das weiß jeder, der schon geliebt hat. Ob ich mich denn, wollte jemand anderes wissen, immer noch verlieben würde? Schließlich sei ich ja nicht mehr die Jüngste und überdies verheiratet und überhaupt ... Natürlich verliebe ich mich immer wieder. Gerade neulich: in eine wunderschöne alte Frau, zart, fein, klein, sehr elegant. Sie ging im Park spazieren, und ich konnte mich an ihrem klugen, schönen Gesicht nicht satt sehen und dachte: Erstens – so möchte ich auch mit achtzig aussehen, und zweitens – die würde ich wahnsinnig gern kennenlernen. Ich verliebe mich minutenweise auf Bahnsteigen, zack, ein Blickwechsel mit einem schönen Mann, ein Blick hin, einer her, ein kleines Lächeln – und das Herz klopft. Ich verliebe mich in einen prächtigen Hund und in einen weichen Kater, in einen Barkeeper, der mir völlig gekonnt und leicht flirtend genau den Drink macht, den ich will, und mich vor Männern schützt, die mich ansprechen möchten, was mit Liebe weniger zu tun hat als mit – na, Sie wissen schon. Man kann sich überall und ständig ein bißchen verlieben, es ist eine Frage von Senden und Empfangen, es funkelt, es glitzert, es tut gut, man fühlt sich sehr lebendig dabei. Es muß weder im Bett landen noch für die Ewigkeit halten, es ist einfach nur das, was der wunderbare Schriftsteller Otto Jägersberg in seinem Gedichtband «Wein Liebe Vaterland» (Diogenes-Verlag) schrieb: «Liebe, ach mehr Liebe. Wie erklär ich das in der Fußgängerzone morgens um zehn. Es ist nicht nur die Lust auf Sie liebe Frau. Es ist mehr, viel mehr. Mehr Liebe, bitte.» Hören wir doch einen Augenblick auf unsere Dichter: Mehr Liebe, bitte!   *19/98*

Beim Packen hilft Härte!

also ... vor kurzem bin ich für eine Woche nach New York geflogen – eine der wenigen Reisen, die mir Spaß machen und die ich alle Jahre wieder antrete. Eine Freundin wollte nach dem «Abschiedsessen» zeitig gehen und sagte: «Du mußt ja noch packen.» Ich zeigte auf mein Täschchen im Flur. «Hab schon gepackt.» Sie war fix und fertig. Ein Täschchen? So klein? Für eine ganze Woche? Sie mußte sich setzen und zählte mir auf, was sie alles braucht, wenn sie für eine Woche verreist. Ich hab es schon einmal mit angesehen: einen riesigen Koffer mit Klamotten, eine Extratasche für Schuhe, Bücher, Kosmetikkram, eine Handtasche (groß! groß!) mit allem Nötigen für unterwegs, und wenn sie gar mit dem Auto fährt, kommt noch eine Reisetasche mit «Man weiß ja nie!» dazu. Ich brauche für eine Woche ein Kleid, ein Paar Jeans, zwei T-Shirts, einen Blazer, sieben Unterhosen, ein Paar bequeme und ein Paar gute Schuhe, ein bißchen Kosmetikkram und ein schwarzes und ein weißes Unterhemd. Ich sage das nicht stolz und so, als wäre ich ein besserer Mensch. Aber mir fällt Packen von jeher leicht, und ich kann mir einfach nicht vorstellen, daß man sich – sagen wir, in New York – sechsmal umziehen muß, täglich anders aussehen oder für alle Wetter, von Tropenhitze bis Eissturm, gerüstet sein muß. Ich glaube, daß viele Frauen nur aus Verzweiflung mit soviel Gepäck reisen – es ist die Verzweiflung, sich nicht entscheiden zu können. Was, wenn mir das Grüne an dem und dem Tag so

gut stehen würde, und dann habe ich aber das Rote eingepackt! Ja, da kann man nix machen. Man muß sich entscheiden und beschränken, und es scheint, als wäre das
eine Riesenhürde für viele Frauen, die ich mit schweren
Koffern und Taschen sich abschleppen sehe. Ich denke,
daß es zur Not auch in New York oder anderswo das eine
oder andere Geschäft gibt, in dem man nicht nur etwas
einkaufen kann, sondern sogar etwas einkaufen möchte?
Natürlich fahre ich mit einem Paar Jeans nach New York
und komme mit vier Paar zurück, das Heimreisegepäck ist
immer größer als das Hinreiseköfferchen. Ach, bei der
Gelegenheit fällt mir eine schöne Geschichte ein, die ich
Ihnen nicht vorenthalten will: Ein deutscher Fernsehsen-
der weigerte sich mal, einem Filmteam zu hohes Überge-
päck auf der Heimreise zu bezahlen – alle hatten tüchtig
Souvenirs in Afrika eingekauft, und das sei, sagte der Sender knauserig, nun wirklich Privatsache. Beim nächsten
Mal nahmen alle schon bei der Hinreise ein paar Ziegel-
steine im Gepäck mit – die Hinreise wird ohne Murren
bezahlt, und ein Ziegelstein tut auch anderswo in der Welt
gute Dienste und schafft Platz für Souvenirs. Es soll auch
Leute geben, die in der Fremde ihre alte Garderobe auftra-
gen, alles im Hotel hängenlassen und neu eingekleidet
nach Hause fahren. Wir sehen: Es gibt immer eine Mög-
lichkeit, das Täschchen klein zu halten. Meine – die der
rigorosen Vorentscheidung – halte ich aber immer noch
für die beste. Versuchen Sie es mal, es geht: eine Woche
New York ohne Nadelstreifenanzug, Abendtäschchen, lila
Pumps, das Geblümte, das Schwarze, die Seidenbluse, das
Samtjäckchen, die … *20/98*

Überraschung in Melbourne

also ... was lese ich da in einer, wenn auch nicht in meiner Frauenzeitschrift? In Melbourne/Australien gibt es das erste Bordell für Frauen! Da kann sich die Busineßfrau nach anstrengenden Sitzungen, zähen Verhandlungen und schnellen Flügen hierhin und dahin am Abend beim Sex entspannen. 120 Dollar soll die halbe, 200 Dollar die ganze Stunde kosten. Geboten wird alles, was die Kundin wünscht, Zärtliches, Wildes, Ausgefallenes und Normales. Das Bordell wird von einer Frau geleitet, aber für die Lust sorgen hauptsächlich Herren, auf deren gepflegtes Äußeres streng geachtet wird und die natürlich auch erektionsfähig (prächtiges Wort!) sein müssen. Na, uns bleibt die Sprache weg! Ist es das, was wir wollten, als wir die Finger hoben und «Emanzipation!» riefen? Ja, letztlich – warum nicht auch das. Es gibt Frauenparkplätze, Frauenhäuser, Frauencafés und was nicht sonst noch alles – warum nicht auch ein Frauenbordell in diesen sexuell aufgeladenen Zeiten, in denen angeblich im Fernsehen den ganzen Tag nur Anrüchiges passiert und genauso angeblich zu Hause in den Betten so gut wie gar nichts mehr. Außerdem – das Thema hatten wir schon vor einiger Zeit: Viele tolle Frauen stehen tatsächlich ohne Mann da – verwitwet, geschieden, getrennt, und sie wollen auch unter Umständen gar nicht wieder eine feste Bindung, aber ab und zu Sex – das tut gut, macht schön, muß sein für Leib und Seele. Einen Callboy anzurufen kostet Überwindung und birgt Risiken, und genau da hilft nun also das Frauenbordell. Darüber wird sich mancher aufregen, aber ich weiß nicht, was daran anrüchiger sein soll als an den Bordellen, die es für Männer seit Anbeginn gibt. Es ist ein erster Schritt, nur Mut, Mädels – die nächste Kaffeefahrt machen wir nach Melbourne und testen mal, ob diese Lustmänner wirklich immer können, auch wenn wir uns mit unsern Pölsterchen und Fältchen vor ihnen ausbreiten. Einer soll gesagt haben: Ich kann immer, mich schreckt nichts, und außerdem gibt es an jeder Frau irgend etwas Schönes. Bravo! So wollen wir genommen sein. Aber jetzt kommt die nächste Meldung: Immer mehr Frauen, die dieses Bordell besuchen, wünschen sich gar nicht die dort eingeölten, wartenden Modellathleten, nein – sie wünschen sich eine Frau. Und da schleicht sich ganz leise ein Trend heran – das Thema ist im Kommen. Es ist nicht das Thema lesbische Liebe, es ist das Thema Zärtlich-keit und Liebe zwischen Frauen – in diesem Herbst wer-den wir neue Bücher dazu lesen, unter anderem von Harry Mulisch, wir sehen seit einiger Zeit Frauen intim beieinan-der in der Kosmetikwerbung, es gibt Filme von der Liebe zwischen Frauen. Ein ewiges Tabu, unter der Decke gehal-ten, schmilzt: Frauen können gute Beziehungen (auch se-xuelle) zu Männern haben und gleichzeitig sehr enge Be-ziehungen (können, müssen nicht sexuell sein) zu Frauen unterhalten, und ab und zu also möchten sie im Frauen-bordell z. B. etwas mehr davon wissen. Ich finde, das ist eine gelassene, schöne Entwicklung. Und dann wird end-lich niemand mehr die Schauspielerin Anne Heche fragen, ob sie als Lesbe denn eine Liebesszene mit Harrison Ford spielen kann?! Fragt ihn einer, ob er einen Präsidenten dar-stellen kann? Er war ja wohl auch noch nie einer. Aber ich komme vom Thema ab, was ich sagen wollte: auf nach Melbourne! *21/98*

Etikettenwahn

also ... wenn Sie Frauen sehen, die unruhig auf ihrem Stuhl herumrutschen, sich blitzartig mit der Hand in den Nacken fahren und sich an Wänden reiben oder von begleitenden Freunden am oberen Halsrand kräftig kratzen lassen, dann erleben Sie da nicht einen Fall besonders tragischen Hautausschlags, sondern Folgen des Etikettenwahns. Der Etikettenwahn ergreift alle, die Kleidung und Wäsche herstellen. In jedes Hemdchen, Pullöverchen, Blüschen, in jedes Kleid, jeden Unterrock, jede Jacke, in weiche Sport-BHs und einfache T-Shirts wird hinten oben Mitte ein Etikett genäht. Es ist aus möglichst hartem, möglichst schneeweißem Stoff, mit möglichst kratzenden Nylonfäden möglichst so in die Naht verarbeitet, daß man es nicht oder nur sehr schwer heraustrennen kann. Es ist bedruckt mit dem Markennamen, und meist ist direkt daneben nochmal ein kleineres, ebenfalls bombenfest angenähtes Schildchen mit der Größenangabe. Diese Etiketten treiben auch die geduldigste Frau irgendwann in den Wahnsinn. Sie kratzen, sie pieken, sie stehen hinten hoch und gucken raus, sie schimmern bei dünnen Stoffen gnadenlos durch, sie verraten, welche XXL-Übergröße wir haben, und sie sind so unnötig wie ein Kropf. Denn an der linken Seitennaht innen kommt das Ganze noch mal: diesmal dreimal so groß, mit Waschanleitung, Materialangabe und Bügeltips, und meist ist auch noch ein Ersatzknopf mit angenäht. Auch dieses Etikett kratzt, raschelt, schimmert durch und

156

stört. Immer sind die Dinger hellweiß, immer mit entsetzlichen Garnen oder Plastikfäden geradezu eingeschweißt, und immer muß man mit der Nagelschere hantieren, um das Zeug herauszubekommen. Wie viele Löcher habe ich mir dabei nicht schon in funkelnagelneue Pullover geschnitten, wie viele Seitennähte aufgetrennt, wie oft geflucht! Dabei soll es sogar Frauen geben, die ein H&M-Etikett raustrennen, nur um eins aus einem alten Jil-Sander-T-Shirt reinzunähen! Es könnte ja jemand hinten in den Halsausschnitt gucken, und dann … Etikettenschwindel der besonderen Art. Der Etikettenwahn treibt noch andere Blüten: Auf Jackett- oder Mantelärmeln zum Beispiel prangt manchmal plötzlich unten rechts außen der Firmenname, und manch einer trägt ihn da stolz spazieren und denkt, daß das wohl so sein muß, wie ja auch auf der roten Vase «Echt Murano» klebt, auf den Weingläsern «Echt Kristall» und auf der Handtasche «Echt Leder». Von Etiketten auf normalen Haushaltsgegenständen, die nie wieder abgehen, haben wir an dieser Stelle schon geschwärmt, die sind heute mal nicht dran. Heute geht es mir um die Turnübungen, zu denen uns die etikettenverliebten Firmen zwingen, wenn sie sie direkt hinten am Hals plazieren, da, wo er am empfindlichsten ist. Wissen die nicht, daß wir das meistens sofort heraustrennen? Nicht? Dann wissen sie es hiermit. Und vielleicht, bitte, kleben sie sie in Zukunft rein oder nehmen wenigstens einen ganz leichten Faden, den man quasi herausziehen kann, ohne das Kleidungsstück zu zersäbeln. Denn daß das Ganze von – sagen wir: Benetton – ist, steht doch ohnehin gern noch mal vorn quer über der Brust, eingewebt, eingestickt, in entzückenden Farben. Wir laufen alle brav Reklame, dann kann doch der rotgescheuerte Hals, bitte, ein wenig Pause haben! *22/98*

Vom ewigen Warten

also ... eigentlich ist das ganze Leben eine einzige lange Warterei. Wir warten immer. Wenn wir Kinder sind, warten wir aufs Großwerden, ohne zu ahnen, wie schnell das kommt und wie alles in allem enttäuschend und anstrengend es dann sein wird. Wir warten darauf, daß die Schulglocke zur Pause klingelt und daß die großen Ferien beginnen. Und in den Ferien warten wir auf Sonne und darauf, daß ER endlich schreibt. Nachdem wir lange genug auf einen Studienplatz gewartet haben, warten wir bei der Studentenvermittlung auf Jobs; wenn es ganz schlecht kommt, verbringen wir anschließend viel Zeit, sehr viel, mit Warten auf dem Arbeitsamt. Es gibt ganze Berufsstände, die eigens Zimmer für das Warten eingerichtet haben – Zahnärzte, Rechtsanwälte, Gynäkologen. Da warten wir Stunden unseres Lebens ab, lesen in Illustrierten, die uns vom Leben der Prinzessinnen erzählen und fragen uns, ob die auch dauernd warten müssen oder eigentlich immer sofort drankommen? Ach, die warten auch, wie wir wissen – auf die Liebe, auf das Glück, darauf, daß der Gatte endlich König wird oder daß die Schwiegermutter doch mal lächelt. Wir warten vor den Umkleidekabinen in den Kaufhäusern, wir warten an den Kassen von Kino und Theater, und wir warten in der Pause auf ein Glas Sekt. Danach warten wir an der Garderobe auf den Mantel und anschließend auf die Straßenbahn. Viel wird auch auf Bahnhöfen gewartet; wenn ich all die Verspätungsminuten zusammenrechne, die mir Züge schon beschert haben, komme ich auf ganze Wochen vertrödelten Lebens. Was geschieht eigentlich mit dieser ganzen verwarteten Zeit? Wir sitzen oder stehen da oder gehen hin und her, wir denken nach, lesen, träumen, wir ärgern uns, wir beobachten die anderen Wartenden, und auch daraus setzt sich das Leben zusammen: aus Mußezeit, geschenkt da, wo wir sie eigentlich nicht geschenkt haben möchten. Müßten wir nicht dauernd warten, würden wir ständig hektisch irgendwas tun, es fällt einem schon immer etwas ein, was noch erledigt werden müßte. Nein, geht nicht: Erst mal warten, daß die Post aufmacht, daß der Handwerker kommt, daß der Kater aus der Narkose erwacht, daß die Winterreifen gewechselt werden, daß sich der Stau auflöste, daß man nach Hause kommt. Und zu Hause warten wir auf die Tagesschau oder einen Anruf. Und in der Wartezeit schreiben wir unsere heimlichen Sehnsüchte in Tagebücher, in denen vom Warten auf das goldene, schöne Leben die Rede ist. Vom Warten handelt eines meiner Lieblingslieder meiner deutschen Lieblingsband «Element of Crime»: «… und du wartest auf irgendwas – auf den gestrigen Tag, auf längeres Haar, auf den Sommer und darauf, daß einer das Klo repariert – sogar auf ein Zeichen von ihr.» Irgendwann werden wir über all der Warterei grau und müde, warten nicht mehr, reihen uns ein und nehmen es hin, daß der Sommer nicht kommt, daß keiner das Klo repariert und daß von ihr / ihm kein Zeichen kommt. Und darauf, daß einer unser Herz repariert, warten wir dann auch nicht mehr. Und dann sind wir endlich, was wir doch immer werden wollten: erwachsen.   *23/98*

Über die Schönheit

also . . . was ist eigentlich schön? Ist Claudia Schiffer schön? Ich finde: nein, und sie selbst klagt ja auch kokett über ihren zu dicken Po, dabei habe ich den noch nicht mal gemeint. Cindy Crawford sagte genauso kokett in einem Interview: «Wenn ich aufwache, sehe ich auch nicht aus wie Cindy Crawford.» Schönheit ist also nur zum Teil gegeben, zum andern Teil wird sie hergestellt, und das oft sehr mühsam. Wir turnen, joggen, dehnen, hungern und schminken uns schön, die Besessensten lassen sich sogar schönoperieren. 15 % aller Frauen in Deutschland, las ich kürzlich, sind ständig auf Diät, denn schon lange gilt ja die Parole: Nur schlank ist schön. Da können die Dicken noch so laut ihr Selbstbewußtsein herausschreien – gegen den magersüchtigen Trend kommen sie nicht an, die Zeiten von Rubens' runden Frauen sind vorbei. Mag sein, daß sie mal wiederkommen, aber seit ich auf der Welt bin, gilt schlank als schön und sonst gar nichts, große Augen sind schön, kleine Nasen, lange Beine. Und dann gibt es diesen verlogenen Satz, der nur Resignation verrät: «Wahre Schönheit kommt von innen.» Pah! Bei Nadja Auermann und Naomi Campbell gucken wir ja auch nicht aufs Herz, eher schon neidisch aufs Bankkonto. Ich habe noch nie eine Frau getroffen, die sich selbst schön fand – und es waren wahrhaftig schöne Frauen dabei. Macht man ihnen diesbezüglich ein Kompliment, sind sie entweder empört, weil das «Du bist so schön!» anscheinend gleichbedeutend klingt wie «Du bist so doof», oder sie beeilen sich, sofort auf ihre zu kurzen Beine oder die zu breiten Hüften hinzuweisen. Die Modeschöpfer, die uns Frauen doch angeblich als Kunstwerke lieben, sind viel ruppiger – ihre Models ähneln oft heroinsüchtigen Knaben mit Busenansätzen, Frauen stolzieren da nicht über die Laufstege, und Calvin Klein sagt es ganz unverblümt: «Ich möchte nicht, daß Frauen mit Konfektionsgröße über 42 meine Kleider tragen.» Die sollen sich gefälligst einen Sack über den Kopf ziehen oder nur im Stockfinstern aus dem Haus gehen, oder was? Schönheit ist in unserer Zeit ein Machtfaktor geworden – kein Manager kann sich eine nicht schöne Frau leisten. Pretty woman. Und wir, die wir selbst Managerinnen sind, wissen, daß wir noch so sehr das ganze Jahr über durch kluge Firmenleitung, Intelligenz und Wissen imponieren können – kommt die Badesaison, haben wir schön zu sein. Der Körper muß vorzeigbar sein, sonst ist alles andere umsonst gewesen. Denken Sie nicht, ich würde das vorwurfsvoll aufschreiben. Es gibt Dinge, die sind so fest im öffentlichen Bewußtsein zementiert, gegen die kann man gar nicht anschreiben, man kann sie nur feststellen. Aber es mag erlaubt sein zu träumen – von der Zeit, in der die Männer mal so gnadenlos zensiert werden wie wir (noch ist es nicht ganz so schlimm damit, aber erste Trends sind sichtbar). Dann müssen sie turnen, sich salben und ölen, sich die Falten wegmachen und sich anschließend zensieren lassen, und wir – wir sitzen dann schon wieder glücklich, selbstbewußt und moppelig ohne Korsett und Wonderbra im Freizeitsessel, futtern Pralinen und sehen ihnen grinsend beim Turnen zu. Dann haben wir's geschafft. *24/98*

Geschützte Daten

also ... wir haben doch den Datenschutz. Und der gibt sich solche Mühe! Das treibt mitunter völlig groteske Blüten, die geringste Auskunft wird zum Eiertanz, und will man etwa bei der Post wissen, von wem das Einschreiben oder Paket ist, das man mit der Benachrichtigungskarte am anderen Ende der Stadt abholen soll, dann kriegt man keine Auskunft: alles Datenschutz! Abgehört werden dürfen nur verdächtige Schwerkriminelle, und selbst da gibt es noch Bauchgrimmen – ich aber sage euch: Ist alles nicht mehr nötig. Wer wissen will, was die deutsche Frau, der deutsche Mann, was Rentner, Liebende und Kleinkriminelle denken, der muß sich nur in einen Großraumwagen der Deutschen Bundesbahn setzen, dann kriegt er von – sagen wir: Hamburg bis Köln – alles, alles mit, was das Leben so bereithält. Denn im Großraumwagen sind etwa acht Handys, und mit jedem wird gern, laut und lange telefoniert. Gleich hinter mir erklärt Frau Bohne (ich weiß das, weil sie ihrem Telefonpartner dauernd mitteilt: «Er hat dann zu mir gesagt, Frau Bohne, Sie können dagegen Einspruch erheben, der darf Ihnen die Miete gar nicht erhöhen, und ich habe gesagt ...») – Frau Bohne also erklärt, daß sie gar nicht daran denkt, diese höhere Miete zu bezahlen, es seien ja nur achtzig Quadratmeter und das Bad ohne Fenster und sie zahle schon 750 Mark und da würde sie notfalls bis zum äußersten, bis zum äußersten ...! Frau Bohnes Elend überzeugt, aber ich lese ein kompliziertes Buch, also setze ich mich etwas weiter weg und höre: «Du kannst dem doch fuffzigtausend schwarz geben, irgendwie mußt du das Geld aus Luxemburg waschen, Heinz, sonst fliegst du noch auf. Guck mal, wie sie die Dresdner Bank jetzt am Schlafittchen haben. Und der ist doch fast pleite, ich sag dir, der nimmt das.» Ist mir zu heiß, nachher werde ich noch gekillt, weil ich zuviel gehört habe, oh, ich kenne solche Filme! Ich wandere ein bißchen weiter und höre Liebessäuseln mit interessanten Details, und laut ruft der ältere Herr gegenüber in sein Handy: «Ich hab doch gerade erst die Gürtelrose hinter mir, da darf ich mir das mit dem Auto nicht zumuten! Ich fahre deshalb Zug!» Ja, alle sehen Manfred Krugs Werbung und wollen auch sparen durch Telefonieren. Und ich lache über etwas so Niedliches wie den Datenschutz. Im Großraumwagen erzählt jeder jedem alles. Übrigens, der Schutz kleiner persönlicher Lügen funktioniert im Jederzeit-erreichbar-Zeitalter auch nicht mehr. Konnte man sich früher noch rausreden und sagen: «Ich hab dich fünfmal angerufen, du warst nie da!», so zeichnet das Gerät jetzt alle Anrufe auf, und auch die Behauptung, man hätte sich sehnsuchtskrank schon früh um acht oder noch nachts um eins gemeldet, wird Lügen gestraft durch die Displaymeldung oder die Computerstimme im Anrufbeantworter, die die genaue Zeit des Anrufs nennt. Alles ist gläsern. Aber wenn ich meine Krankenkasse bitte, mir doch für den kaputten Rücken nun das beste Therapiezentrum zu nennen, dann zuckt die Sachbearbeiterin zusammen, als hätte ich unanständige Handlungen in der Öffentlichkeit verlangt. «O nein, das dürfen wir nicht.» Hätte ich doch Frau Bohne gefragt!

25/98

dieser Tage las ich in der Zeitung, daß es im südbadischen Emmendingen ein Tagebucharchiv gibt. Dort werden persönliche Tagebücher, die – meist ältere – Menschen einreichen, archiviert und, wenn sie von allgemeinem Nutzen in Sachen Geschichte und Zeitgeist sind, der interessierten Öffentlichkeit zugänglich gemacht. Es gibt Kriegsberichte, Tagebücher über Flucht- und Hungerjahre, Liebessorgen junger Mädchen. Das, was mal ganz privat war, wird jetzt allgemein und tröstet die Lesenden vielleicht sogar: Nicht nur mir geht es bisweilen sehr schlecht – anderen auch! Man schreibt Tagebuch, wenn die Emotionen überschwappen oder wenn man etwas dokumentieren will und für die Ewigkeit festhalten. Das Aufschreiben ordnet das Denken – der Psychoanalytiker Sigmund Freud nannte diesen Vorgang «Erinnern, Wiederholen, Durcharbeiten». Meist ist das, was einen bewegt, damit bewältigt – und vielleicht trennen sich deshalb Menschen für das Tagebucharchiv von ihren intimen Aufzeichnungen: Dieser Lebensabschnitt ist abgeschlossen. Ich schleppe, seit ich fünfzehn Jahre alt bin, einen Berg von Tagebüchern mit mir herum, in jeder Wohnung werden sie neu versteckt, damit sie nur ja keiner liest. In den Jugendtagebüchern: Liebesleid ohne Ende, jede Liebe war die größte und einzigartigste, bei jedem Liebeskummer wollte ich unverzüglich sterben (schon damit *er* leiden sollte), und immer schrieb ich aufgeplusterte Gedichte dazu. Dann kommen die «philosophischen» Tagebücher der Studienjahre, unerhörte Gedanken, weltverändernde Theorien, meine Einordnung in die Welt. Und dann wird es ruhiger – das Tagebuch verliert seine aufgeregte Hektik, reflektiert, was ich erlebe, sehe, lese, denke, meine ganze innere und äußere Entwicklung kann ich daran ablesen, und ich bin einigermaßen gerührt, wenn ich alte Tagebücher aufschlage: Das ist wie eine Begegnung mit einem sehr vertrauten Menschen, der inzwischen aber unerreichbar weit weg ist. Es gibt Tagebücher mit eingeklebten Eintrittskarten, Zitaten aus Filmen oder Büchern, Ideenentwürfen zu Geschichten (und Kolumnen!), und ich weiß, daß mir das Tagebuchschreiben immer geholfen hat. Seit einigen Jahren ist es vorbei damit. Warum? Ist es zu altmodisch geworden, mit Tinte auf Papier zu kritzeln? Machen Computer und Internet das Tagebuchschreiben unmöglich? Habe ich an mir selbst das Interesse verloren, will ich nicht mehr festhalten, wie es mit mir weitergeht und warum? Ich kenne kaum noch jemanden, der Tagebuch schreibt – in meinem Alter sowieso nicht, aber auch die Töchter meiner Freundinnen finden das blöde, und die Söhne – schreiben Jungen oder Männer Tagebuch? Es sind fast immer Frauen, die diese Lust am Aufschreiben treibt und die das Erzählen auch erleichtert. Frauen sind die Chronistinnen des Alltags, auch in früheren Jahrhunderten waren sie das schon. Wird es später aus den 90er Jahren dieses Jahrhunderts noch handgeschriebene Tagebücher fürs Archiv geben? Ich habe beschlossen, wieder mit dem Tagebuchschreiben anzufangen. Der erste Satz im neuen Buch ist von Camus: «Du bereicherst die Zukunft, wenn du der Gegenwart alles gibst.»   *26/98*

Erinnerung an 1968

also ... nun geht das Jahr 1998 zu Ende. Wir haben tüchtig gefeiert – jeweils hundert Jahre Brecht, Fontane, Sissi, Bismarck – geboren oder gestorben, fünfhundert Jahre Wiener Sängerknaben und dreißig Jahre 1968. Da wurden wir, die wir damals dabei (wobei?) waren, alle noch mal gefragt: Wie war das denn so, achtundsechzig? Und ganz zum Schluß will nun auch ich noch mal zurückblicken – obwohl: Ich war nicht wirklich dabei. Ich kann von 1968 nicht so aufregend erzählen wie mein Vater und meine Onkels von der Front erzählen oder von Polen, wo man mit den Juden so schön aufgeräumt hat. 1968, da war ich eine magere Studentin mit einem mageren Stipendium, für das ich «Scheine» vorweisen mußte, so was wie Fleißkärtchen, und mir machten die ewigen, studienbehindernden Demos an der Uni (ich war in Berlin und München) sehr zu schaffen. Ich war noch ziemlich jung und wußte nicht viel von Politik, aber das sollte sich jetzt ändern, denn sie stand auf den Wänden, den Flugblättern, hallte durch die Hörsäle und die Kneipen. Ich begriff, daß die Zeit, Fragen zu beantworten, vorbei war. Jetzt war die Zeit, Fragen zu stellen – wir fragten nach dem Sinn des Vietnamkriegs und nach den Menschenrechten in Persien, wir fragten, warum Kennedy und Martin Luther King sterben mußten, wir fragten nach den Verbrechen in My Lai – aber wir fragten unsere Väter nicht nach der Ostfront und unsere «böhsen Onkelz» nicht nach Polen. Wir wollten die Welt im Großen aus den An-

166

geln heben und saßen fest im System autoritärer Eltern-
häuser, frischgegründeter Ehen, bürokratischer Stipen-
dienverwaltung. Das konnte nicht gutgehen, denn auch
der Entrückteste las irgendwann die reaktionären Tiraden
eines Peter Boenisch in der Bildzeitung, und dann gingen
wir hin und warfen Autos um, die diese Zeitung ausliefer-
ten – revolutionäre Tat? Es gab tüchtig Prügel dafür, und es
war wohl auch die falsche Methode. Meine Polizeiphobie
datiert aus dieser Zeit. Auf den Podien der Revolution redeten fast ausschließlich Männer, und was sie redeten,
hörte sich etwa so an: «Gemeint ist die Stabilisierung einer
autoritären Leistungsgesellschaft, die im Interesse mono-
polistischer und staatlicher Entscheidungsbefugnisse die
liberale Sphäre politischer Diskussionen, parlamentari-
scher Kontrollen, des langwierigen Aushandelns von
Kompromissen und der temporären Ausgleiche wider-
sprüchlicher Interessen als Inbegriff unnötiger Reibungs-
verluste in einem funktionierenden Gesamtbetrieb schritt-
weise zu eliminieren strebt ...» Schön, oder? Und ich hätte
so gern in Ruhe mein Kleist-Seminar besucht, denn Kleists
Sätze waren dagegen von großer, klarer Schönheit. Vorbei.
1968 hat an Tabus gerüttelt, die später fielen, mehr nicht.
Dafür hätten Benno Ohnesorg und – später – der kluge
Dutschke nicht sterben müssen. Die Väter und Onkels liegen auf dem Friedhof, ohne daß wir ihnen die wichtigen
Fragen gestellt haben, und jetzt, nach 50 Jahren, zahlen
Firmen und Banken dann auch endlich an Opfer. Die Re-
voluzzerherzen sind eingemottet, das Mißtrauen gegen
Obrigkeiten ist geblieben, und der autoritäre Ton, der
schleicht sich schon wieder ein. Aufgepaßt.   1/99

Folgende Kolumen erschienen bereits in dem Band
«Also ... Die besten Kolumnen aus ‹Brigitte›» (rororo 33144 6 /
Dezember 1998)

Badeanzugkauf; Kosmetische Geheimsprache; Wahnsinn!; Tun, was man will?; Ein ganzes Land in XXL; Der Eindruck trügt; Namenloses Grauen; Perfect for nobody; Geschafft!; Hausfrauenqualen; Fremde Autos; Frauen; Bücher lesen; Deutsche Helden; Falsches Deutsch; Autowäsche; Was ist Glück? Exotisches und Hausmannskost; Brad Pitt oder Keith Richards?